WITHDRAWN

CONTEMPORÁNEA

Federico García Lorca nació en Fuente Vaqueros (Granada) el 5 de junio de 1898, y murió fusilado en agosto de 1936. Se licenció en Derecho (1923) en la Universidad de Granada, donde también cursó estudios de Filosofía y Letras. En 1919 estuvo en Madrid, en la Residencia de Estudiantes, donde convivió con parte de los que después formarían la Generación del 27. Viajó por Europa y América y, en 1932, dirigió la compañía de teatro «La Barraca». Sus obras más emblemáticas, en poesía, son el *Romancero Gitano* (1927), donde el lirismo andaluz llega a su cumbre y universalidad, y *Poeta en Nueva York* (1940), conjunto de poemas, adscritos a las vanguardias de principios del siglo XX, escritos durante su estancia en la Universidad de Columbia. Entre sus obras dramáticas destacan *Bodas de sangre*, *La casa de Bernarda Alba* y *Yerma*. Con esta colección, DeBols!llo presenta toda la obra publicada o representada en vida del autor andaluz.

Biblioteca

FEDERICO GARCÍA LORCA

Poesía completa I

Edición y prólogo de
Miguel García-Posada

DeBOLSILLO

Diseño de la portada: Departamento de diseño de Random
    House Mondadori
Directora de arte: Marta Borrell
Diseñadora: Maria Bergós
Ilustración de la portada: *Ilustración 900*, de Federico García
    Lorca. © VEGAP, Barcelona

Primera edición en DeBols!llo: febrero, 2004

Printed in Spain – Impreso en España

ISBN: 84-9793-162-9 (vol. 371/1)
Depósito legal: B. 603 - 2004

Fotocomposición: Comptex & Ass., S. L.

Impreso en Litografia Rosés, S. A.
Progrés, 54-60. Gavà (Barcelona)

P 831629

NOTA DEL EDITOR

Esta edición recoge la producción esencial de Federico García Lorca, aquella que fue el centro de su actividad creadora y contó con su autorización o con su visto bueno, salvadas algunas y accidentales excepciones. En esa confianza ponemos al alcance del lector *toda la obra* del gran poeta español.

PRÓLOGO

La poesía de Lorca

Miguel García-Posada

En 1933, Federico García Lorca pronunció en Buenos Aires y Montevideo su conferencia «Juego y teoría del duende». Se trata de una teoría de la cultura y del arte español, pero también de una poética, en condensada y hermosa síntesis. El texto describe tres figuras, que son otros tantos conceptos fundamentales: la musa, el ángel, el duende. La musa es la inteligencia y explica la poesía de Góngora, y el ángel es la gracia, la «inspiración»: en ella tienen su origen la poesía de Garcilaso o la de Juan Ramón Jiménez. ¿Y el duende? Lorca delimita las diferencias con toda precisión:

> Ángel y musa vienen de fuera; el ángel da luces y la musa da formas [...] Pan de oro o pliegue de túnicas, el poeta recibe normas en su bosquecillo de laureles. En cambio, al duende hay que despertarlo en las últimas habitaciones de la sangre.

El ángel, la imaginación, y la musa, la inteligencia, son exteriores al fenómeno poético profundo, ese que nos pone en contacto con los centros últimos de la vida. De ahí la definición, que Lorca da y que relaciona al duende con la consciencia trágica del vivir:

> [...] el duende no llega si no ve posibilidad de muerte, si no sabe que ha de rondar su casa, si no tiene seguridad que ha de mecer esas ramas que todos llevamos y que no tienen, que no tendrán consuelo.

Y añade poco después:

> [...] el duende hiere, y en la curación de esta herida que no se cierra nunca está lo insólito, lo inventado de la obra de un hombre.

El duende es, pues, «el dolor mismo, la conciencia hiriente y no resignada, del mal o de la desdicha» (Marie Laffranque). Lorca supera las poéticas descriptivas. El arte, la poesía, busca la revelación de la realidad profunda, esencial. Cierto, al formular su poética del duende estaba también definiendo su posición estética de los años treinta, cuando dejó atrás posiciones en teoría más racionalistas, como las que suscitaron su fervor gongorino de 1926-1927. Pero también es verdad que muy pronto, fuera o no consciente por entero del fenómeno, la poética del duende marcó todo su arte. De ahí la cantidad de elementos irracionales, mágicos, que lo pueblan.

Hay en casi toda su poesía un clima sonambular, de irrealidad, de sueño, que la baña, recubre y llena de misteriosa fascinación. El poeta que alumbra el mito de la luna que rapta al niño en el romance inicial del *Primer romancero gitano*, estaba habitado por fuerzas irracionales, oscuras, que lo llevaron a la cristalización de fórmulas imaginativas insólitas en la poesía contemporánea. Y obliga a pensar en los grandes plásticos del siglo: el Picasso de los minotauros y el *Guernica*, Marc Chagall y sus ideaciones de la vida judía, cierto Miró. Cabe explicar así la singularidad de Lorca, dueño siempre de una técnica refinada y, sin embargo, viajero al mismo tiempo por los últimos fondos de lo real y lo ultrarreal, sea el terror de la historia y el terror de la muerte, la fascinación del deseo y la fascinación de los límites, «las cosas del otro lado». La técnica es un mero soporte, nunca un fin. El gran imaginativo no se desborda; sus metáforas son precisas, nítidas, pero es claro que el poeta no se agota en ellas, como le ocurre a Góngora. Cuando se proclama en el «Romance de la Guardia Civil española» que «La media luna, soñaba / un éxtasis de cigüeña», no se trata sólo de la imagen zoomórfica, sino de la presencia de la luna creciente en el cielo de los gitanos: luna inquietante, si no maléfica, reina de la vida y de la muerte, que ilumina la ciudad, perfecta pero a punto de ser destruida.

Lorca, podríamos concluir, es un poeta simbólico, sí, pero no se trata sólo de eso. Es la comunión de cielo y tierra, la proximidad de lo alto y lo bajo, la percepción continua de una realidad más vasta, todo ello bajo la dirección de un instinto verbal que sorprende al lenguaje en su intersección, arbitraria pero operativa, con los grandes planos de las cosas.

Ardiente de inspiración, precisa de formas, esta poesía es el resultado de una escritura que hubo de confrontarse con las tradiciones y los cánones vigentes cuando su autor compareció en la literatura española. El modernismo había entrado ya en decadencia, aunque siguiera dominando el gusto poético mayoritario, y por eso casi toda la poesía juvenil es modernista. Con Rubén Darío, y en buena medida a través de Rubén Darío, a quien admiró mucho, asimiló la lección de los simbolistas: Baudelaire, Rimbaud, Verlaine y Lautréamont, que resuenan en sus primeros textos. Desde antes quizá conocía también a Victor Hugo, entonces muy difundido en España.

Pero las fuentes no bastan para explicar a un escritor. Y el hecho es que algunas composiciones del *Libro de poemas*, las más tardías, muestran ya una voz diferenciada, perfilada en sus elementos básicos, aunque carezcan todavía del resplandor de la madurez. Esa primera voz singularizada procede de la magistral asimilación de los ritmos (neo) populares. La poesía española vive ya en pleno posmodernismo, pero nadie se había adentrado antes por estos caminos como lo hizo Lorca, seguro en su recreación de ritmos y formas de la tradición. La confirmación de que los hallazgos no eran casuales se produce en 1921, el primer año de la primera madurez lorquiana. El Lorca del veintiuno posee ya un universo propio en visión y en expresión. Evolucionará, sí, pero no cambiará en lo sustancial, pues su universo se presenta como una maraña de temas, motivos y símbolos que se repiten e imbrican con admirable fidelidad.

La *frustración* es el tema central. Todo este universo se alimenta de esa sustancia última, por más que su manifestación se produzca en planos muy diversos. Son los jinetes que galopan sabiendo que nunca llegarán a su destino; es el sueño imposible de la infancia de donde el adulto es desgajado de modo artero; es el tormento de la mujer sin hombre o sin hijos. Este destino trágico se proyecta sobre un doble plano: el metafísico y el histórico, el ontológico y el social. No siempre son disociables, a veces aparecen unidos; pero es necesario señalar su doble naturaleza para la correcta comprensión de un discurso complejísimo. En *Poeta en Nueva York*, por ejemplo, se oyen voces terribles contra la civilización capitalista, pero también los fantasmas del tiempo, la naturaleza y la muerte dejan sentir su presencia oscura. Debe subrayarse esta capacidad del poeta para articular su mundo sobre planos en principio contradictorios. Lejos del optimismo revolucionario, pone su palabra al servicio de todos los oprimidos y marginados, sin mengua de sentirse aterrado ante la amenaza del tiempo, la muerte, y el destino de un mundo azaroso e incierto.

El tema del *amor* es esencial. Energía clamorosa, cósmica, el sexo hace saltar la gran prohibición cultural de Occidente: el incesto, al que remite el romance de «Thamar y Amnón». El amor es inseparable del deseo, pero no puede decirse que Lorca desconozca su dimensión espiritual, según corrobora con precisión la «Oda a Walt Whitman», de *Poeta en Nueva York*, uno de cuyos grandes temas es la agonía del amor en el mundo. Sin duda el poeta se siente fascinado por la expresión erótica del amor, canta jubiloso el frenesí de los cuerpos y se deleita en la descripción de las formas hermosas. Este pansexualismo explica la justificación de la doble opción amorosa, homosexual y heterosexual, que celebra la misma «Oda» donde se legitima que el hombre conduzca su deseo «por vena de coral o celeste desnudo».

Pero el eros y el amor están siempre amenazados, cercados, y se enfrentan de continuo a la maldición y a la destrucción. Una pena oscura, secreta, que supura como una llaga oculta, recorre la poesía amorosa lorquiana más intimista e incluso alcanza a poemas que sólo de manera periférica tocan el tema del amor, hasta el período de Nueva York. Entonces, en la gran urbe, la pena se vuelve desesperación, protesta abierta contra los ultrajes recibidos por el amor. La épica del *Romancero gitano* estallaba ya en todas las direcciones posibles del lamento amoroso, pero eran personajes quienes vivían y decían ese lamento: femeninos, sí, mas también masculinos (el amante abandonado y traicionado de «Muerto de amor»). Después, esa pena, que tiene que ver con la condición homoerótica, vuelve a manar, incontenible, insomne y un sí es no es hermética, de los versos del *Diván del Tamarit*, para volverse canto de felicidad por la plenitud del amor, y dolor de abismos por el temor a su pérdida en los sonetos amorosos.

Otro tema esencial es la *esterilidad*. La renuncia a la perpetuación de la especie posee evidente dimensión trágica. Por eso, la voz lírica clama contra la voz del «amor oscuro», que es estéril: «no me quieras perder en la maleza / donde sin fruto gimen carne y cielo». «Maleza»: desolación silvestre y estéril. La obsesión de la infancia perdida encuentra aquí una de sus causas más notables, pues el otro rostro del niño no engendrado es el niño muerto de la propia infancia, un niño que se niega a morir. Los numerosos niños muertos (ahogados y sepultos sin paz, muy a menudo) que recorren este universo son el efecto de esa infancia perdida y sangrante siempre.

Corolario inevitable del tema de la *frustración*, la *muerte* es otro tema nuclear. Tanto, que Pedro Salinas pudo afirmar que Lorca siente la vida por vía de la muerte. Entre ésta y la vida se produce una tensión constante. El poeta se muestra fiel heredero de la tradición romántica, que lleva hasta sus últimas consecuencias. Él vio a su duende instalado en el ámbito de las sombras y toda su obra se presenta como un enfrentamiento continuo a los poderes maléficos. De ahí que el tema del *carpe diem* rebrote con tanta intensidad. Por eso, entre otras razones, nunca es un poeta tétrico. El canto apasionado a la materia terrestre pertenece a la misma médula de la obra lorquiana, que celebra todos los elementos naturales de su germinación y de su plenitud. Amor y muerte. Amor contra la muerte.

El gran binomio romántico se reencarna en nuestro poeta, que lo lleva hasta sus últimas consecuencias enlazándolo con las corrientes más hondas del existencialismo. «Toda muerte es, en cierto modo, asesinato», escribió su hermano Francisco a propósito de esta obra. Ahí veía él la causa de tanta muerte violenta en ella, pues la violencia constituye la verdadera cara de la muerte. Pero ésta es también un castigo. Lorca la siente en su realidad más tangible, en la descomposición de los cuerpos (el «silencio con hedores» del que habla el *Llanto por Ignacio Sánchez Mejías*), y en la nada y el olvido adonde se precipitan los muertos, vueltos ya materia mineral:

«No te conoce el lomo de la piedra», dice el mismo *Llanto*. Pero a veces este desenlace, con el que se desmarcaba de su primera fe católica, que rescató en varias ocasiones del pasado –así en la «Oda al Santísimo Sacramento del Altar»–, da paso a otra realidad más siniestra, acaso huella al revés, huella culpable, de la fe desaparecida, acaso vestigio también del pensamiento arcaico: la vida de los muertos en la tumba, porque aquí los muertos no mueren del todo e inertes no pierden la conciencia. Fue en Nueva York cuando esta visión se abrió paso como una especie de fulgurante y desolada revelación. Una tradición muy antigua nutría al poeta. Es que el cantor de la vida albergaba también a un metafísico capaz de enfrentarse a los enigmas de la condición humana y del mundo.

Así sucede en su tratamiento del *tema del tiempo*, que lo hace revolverse contra el principio de identidad, pues los hombres pierden día a día sus señas distintivas y, además, el yo es plural. Más aún: todo es aleatorio, arbitrario. Las cosas son lo que son como pudieron ser de otra manera. En este contexto se impone como evidente e inevitable el apartamiento de la fe religiosa que había recibido de niño, sustituida aquélla una y otra vez por la consciencia del desvalimiento de la criatura humana, abandonada en un mundo confuso y oscuro: «El mundo solo por el cielo solo / y el aire a la salida de todas las aldeas», deploran los versos de «Navidad en el Hudson», en *Poeta*. Eso no impide rebrotes ocasionales de la fe cristiana, como la «Oda al Santísimo». En todo caso, la heterodoxia es total: Jesús aparece como el agente de una redención inútil, traicionado por su Iglesia y ajeno el mundo a su mensaje.

Tanta desazón, tanta insistente lucidez, no consiguieron anular la presión de la historia sobre la obra lorquiana. No practicó Federico la prédica política al modo de algunos compañeros de generación. En realidad, rebasa –más que rechaza– los planteamientos doctrinales, destinados a concitar adhesiones. Pues la verdad es que, sin teñir su poesía de otro color que no fuera el poético, pocos poetas como él han llevado a sus versos el tema de la revolución y su cara opuesta: la represión, la reacción. He ahí el «Romance de la Guardia Civil española», que se anticipa al delirio plástico del *Guernica*. Poco más tarde, en el Nueva York sacudido por los primeros síntomas de la Gran Depresión, Lorca profundizaba su visión social y política. Enfrentado con el rostro más duro del capitalismo en crisis, profetizaba la invasión de la ciudad –la civilización– por la naturaleza enfurecida, que brotará de entre sus ruinas. Su instinto lo llevó a trascender el folclore negro y a ver la raza negra como la víctima que era –y eso en tiempos en que la mentalidad colonial dominaba a buena parte de la *intelligentsia* europea–, y denunciar a los blancos y apelar a su exterminación en nombre de la naturaleza escarnecida y humillada, con la que comulgan los negros («El rey de Harlem»), y a la que se adscriben también los «pequeños animalitos», que se hallan sometidos al holocausto de la sociedad industrial («Nueva York. Oficina y denuncia»).

Este rico complejo de temas se encauza a través del lenguaje más peculiar de todo el siglo en lengua española, cuya creación es a buen seguro la máxima hazaña del autor. Un rasgo lo define: es un *discurso de lo concreto*, que renuncia a la expresión conceptual, abstracta, especulativa. El mundo es contemplado desde y por una conciencia que cabría calificar de sensorial. De ahí la importancia de la metáfora y la personificación. El poeta debía ser, según señalaba él a propósito de Góngora, «profesor en los cinco sentidos corporales», con la vista en primer lugar. Esta participación de los cinco sentidos hace que todo se anime, esté o parezca vivo. El mundo se tiñe de verde, como sucede en el «Romance sonámbulo»; la luna es una dama del novecientos con polisón de nardos, resplandeciente en su halo luminoso, según el «Romance de la luna, luna»... Esta animación de lo existente elimina toda dimensión tétrica, sumido el lector en esa sinfonía de verdes, damas lunares, vientos-sátiros, navajas como peces, montes gatunos, ríos de la fantasía, caballos de la soledad. Nadie en el siglo XX, al menos en castellano, ha ido más lejos que Lorca en esta poetización del discurso. Sus efectos son inmediatos: comulgamos con esta poesía, nos hacemos una con ella, al margen de sus contenidos, más allá de sus perspectivas doctrinales o ideológicas.

El sortilegio se apoya en la retórica. En primer lugar, en la metáfora. Lorca es un gran metafórico. Tuvo maestros modernos: Ortega, Gómez de la Serna. Con todo, su gran maestro fue Góngora. De él aprendió a ser profesor en los cinco sentidos; de él recibió la gran lección de un discurso que era, antes que nada, poético y en él aprendió a metaforizar mediante la elaboración compleja de los referentes, fruto de la escasa tangencia entre los planos relacionados, y la elusión del plano real, así como también de él aprendió la alusión.

La compleja elaboración afecta también al tejido discursivo. Lorca maneja con maestría la elipsis, la condensación expresiva. Sean los versos del «Romance sonámbulo»: «Barandales de la luna / por donde retumba el agua». Se ha aducido a propósito de estos versos un pasaje del *Quijote*: «el temeroso ruido de aquella agua en cuya busca venimos, que parece que se despeña y derrumba desde los altos montes de la Luna» (1, 20). Pero nada que ver con nuestro poema. Aquí la gitana enamorada aparece ahogada en el aljibe al que se ha arrojado y en el que se refleja la baranda. El gitano, contrabandista y amante suyo, quiere subir hasta las «verdes barandas», en la placita del Sacromonte, donde ella debería estar esperándolo; cerca de allí corre el Darro. El poeta condensa todo esto en dos versos sobre los que gravita la luz sombría de la luna, y los barandales por ella iluminados se vuelven barandales de la muerte, englobados los de la placita y el aljibe. Esta técnica de condensación es barroca pero no gongorina: viene de los grandes prosistas, con Quevedo al frente.

Convierte Lorca la metáfora en formidable instrumento de conexión de los planos más distintos de la realidad. Y, así, lo terrestre y lo celeste, lo alto y lo bajo, lo próximo y lo remoto, lo material y lo inmaterial, se unen y abrazan en esta poesía. La luna «mueve sus brazos», vale como decir sus rayos; el pandero de la gitana es una «luna de pergamino»; el vientre de la niña deseada por el viento resulta ser «una rosa azul»; los cañaverales cuando el viento los sopla son «flautas de umbría». He aquí una de las grandes lecciones de esta poesía. Sin abstracciones filosóficas, sin altas invocaciones, este mundo visible, tangible y audible, palpitante de sensaciones, es capaz de acogerlo todo. Para eso valen tanto el orbe pequeño de los gitanos de Andalucía como los espacios enormes de Nueva York.

Pero Lorca va más allá de la metáfora. Su poesía tiende a alojarse en símbolos, que cargan de densidad imágenes y signos: metáforas simbólicas, recurrentes, y símbolos puros. La creación de este lenguaje simbólico deriva de dos fuentes: la tradición simbolista y el folclore. Usa Lorca sus símbolos en función de los contextos. Los términos simbólicos pueden tender a la representación de determinado valor o valores, que pueden ser excluyentes o complementarios respecto a otros, siendo también posible la ambigüedad. La luna puede ser un símbolo de muerte, pero también puede serlo de vida o de ambas cosas a la vez. Hay, pues, una polivalencia contextual. El código lorquiano consta de símbolos centrales. El más insistente es el de la *luna*, que Lorca hereda del Romanticismo y explora y renueva hasta las últimas consecuencias. Y está el *agua*, símbolo erótico y de fecundación, pero también agente de la muerte. Símbolo capital es asimismo la *sangre*, que es vida (generación, sexualidad, fertilidad) y puede ser, además, sufrimiento (sangre «negra»). Otro símbolo es el *caballo*, rey de un amplísimo bestiario, identificado de modo sucesivo con la vida, con el eros, con la destrucción que el amor puede aparejar, pero también con la expresión de valores sombríos, funestos. Si el caballo reina en el bestiario, las *hierbas* lo hacen en la flora, que tampoco es escasa. Con insistencia se convierten las hierbas en representación de la muerte, pero no siempre. Siente Lorca predilección por los *metales* y los objetos metálicos, que tienden a hospedar su significado en dominios sombríos: plata de la luna, cuchillos, puñales, bisturíes, lancetas, espadas, agujas, alfileres, monedas...

Este código se trasciende a su vez en modelos superiores de orden mítico, que expresan revelaciones primordiales. Los gitanos de Lorca vienen de la Andalucía del cante jondo: son mitos del dolor y del amor, viven en comunión con la naturaleza: por eso la luna se lleva al niño, el viento acosa a la gitana y el Camborio arroja limones al agua y la pone de oro. Las fuentes de estos mitos son diversas. La Biblia es, en todo caso, central, y en ella resulta clave la imagen de Cristo como arquetipo del sacrificio. También la mitología clásica provee al poeta: las Parcas, Venus y los grandes dioses se asoman a este mundo.

Símbolos, también espacios simbólicos: así, Andalucía es el gran espacio mítico de Lorca: Andalucía romana y vieja, sobre todo, musulmana y sabia, dionisíaca y trágica, es elevada a un rango superior, como el que ocupan la Inglaterra de Shakespeare y la Grecia de los grandes trágicos. Es la «Andalucía del llanto» que celebran el *Poema del cante jondo*, el *Romancero gitano* y las tragedias: una Andalucía que se siente más que se ve. Andalucía de perseguidos: de ahí la fascinación del poeta por el flamenco, que lo conduce a lo gitano en la medida en que el cante, aunque de origen peninsular, fue moldeado por la raza. Andalucía, espacio máximo del amor y la muerte, también del misterio y de la comunión con la naturaleza: Lorca estiliza y depura la turbia materia romántica.

Fiel siempre a sí mismo, él es el más variado de nuestros poetas modernos. Del *Poema del cante jondo* a *Canciones*, del *Romancero gitano* a *Poeta en Nueva York*, del *Llanto* a los *Sonetos*, del libro de *Odas* a *Poemas en prosa*. Cada libro supone un planteamiento distinto, una experiencia estética diferente.

LOS LIBROS

Este volumen de *Toda la obra* acoge su poesía inicial, las muestras más personales del *Libro de poemas*, y los dos ciclos iniciales de la primera madurez, el de *suites* y el de las canciones. El *Libro de poemas* es una antología profunda de la poesía juvenil. Persisten en él todavía las huellas modernistas, neorrománticas, que dan lugar aún a poemas espléndidos, pero lo más notable, a más de la concentración temática, lo constituye la asimilación de los materiales folclóricos, tradicionales, y el uso de los metros ligeros, como en algunas de las baladas. Siguen las inquietantes *suites* –sólo aquellas que el poeta publicó y revisó–, donde alienta el metafísico; tres fueron incluidas en el heterogéneo volumen *Primeras canciones*, publicado en 1936 pero fechado a título indicativo en 1922, volumen que ofrece poemas de épocas ulteriores y debemos leer en lo sustancial como una anticipación del libro de *Suites*, que el autor no llegó a publicar. Escritas de 1920 a 1923, sus motivos esenciales se repiten, según el título de los poemas y su carácter de *suites* –composiciones musicales, danzas, escritas todas en el mismo tono–, y en ellas el poeta aborda sus grandes temas obsesivos, con voluntad de objetivación, fruto de la entonces dominante *poesía pura*. El *Poema del cante jondo*, publicado en 1931, pero escrito ahora, está concebido como una *suite*; lo encontrará el lector en el segundo volumen.

Canciones es un milagro de arquitecturas leves y profundas a la vez, con más de ochenta composiciones. Es la obra más versátil por la pluralidad de motivos que acoge: colores, noches, recuerdos colegiales, juegos eróticos, fauna, flora... Los poemas se agrupan en diversas series: «Teorías», «Nocturnos de la ventana», «Canciones para niños», «Andaluzas»... hasta once. Nunca tal vez mostró el poeta como ahora su rostro risueño. Valga la «Canción del mariquita», burla deliciosa, *scherzo* amable. La ternura por «los pequeños animalitos» alumbra ese prodigio que es «El lagarto está llorando». Pero la gracia y el juego se quiebran y ceden el paso a la expresión del malestar íntimo: «... quita la gente invisible / que rodea perenne mi casa!». Repárese en especial en la serie «Trasmundo». La sección «Andaluzas» representa una incursión raigal por el mundo del mediodía, que anuncia el *Romancero*. En suma, poemas breves, pluralidad de motivos; juego, de una parte, tirón hacia los ámbitos oscuros, intuición abismal del enigma, de otra; y siempre la expresión virginal, alada, transparente. Es el libro lorquiano más inatendido por la crítica, debido a buen seguro a su misma perfección

ensimismada, a su condición de obra clausa y autosufi-
ciente, pero está poblado de claves deslumbrantes.

Nota

Los textos proceden de mi edición de *Obras Completas*,
4 vols., Galaxia Gutenberg-Círculo de Lectores, Barce-
lona, 1996-1997.

Juego y teoría del duende

Señoras y señores:

Desde el año 1918, que ingresé en la Residencia de Estudiantes de Madrid, hasta el 1928 en que la abandoné, terminados mis estudios de Filosofía y Letras, he oído en aquel refinado salón, donde acudía para corregir su frivolidad de playa francesa la vieja aristocracia española, cerca de mil conferencias.

Con gana de aire y de sol, me he aburrido tanto, que al salir me he sentido cubierto por una leve ceniza casi a punto de convertirse en pimienta de irritación.

No. Yo no quisiera que entrara en la sala ese terrible moscardón del aburrimiento que ensarta todas las cabezas por un hilo tenue de sueño y pone en los ojos de los oyentes unos grupos diminutos de puntas de alfiler.

De modo sencillo, con el registro en que mi voz poética no tiene luces de madera, ni recodos de cicutas, ni ovejas que de pronto son cuchillos de ironía, voy a ver si puedo daros una sencilla lección sobre el espíritu oculto de la dolorida España.

El que está en la piel de toro extendida entre los Júcar, Guadalfeo, Sil o Pisuerga (no quiero citar a los caudales junto a las ondas color melena de león que agita el Plata), oye decir con medida frecuencia: «Esto tiene mucho duende». Manuel Torres, gran artista del pueblo andaluz, decía a uno que cantaba: «Tú tienes voz, tú sabes los estilos, pero no triunfarás nunca porque tú no tienes duende».

En toda Andalucía, roca de Jaén o caracola de Cádiz, la gente habla constantemente del duende y lo descubre en cuanto sale con instinto eficaz.

El maravilloso cantaor El Lebrijano, creador de la *Debla*, decía: «Los días que yo canto con duende, no hay quien pueda conmigo»; la vieja bailarina gitana La Malena exclamó un día oyendo tocar a Brailowski un fragmento de Bach: «¡Olé! ¡Eso tiene duende!» y estuvo aburrida con Gluck y con Brahms y con Darius Milhaud; y Manuel Torres, el hombre de mayor cultura en la sangre que he conocido, dijo, escuchando al propio Falla su *Nocturno del Generalife*, esta espléndida frase: «Todo lo que tiene sonidos negros tiene duende». Y no hay verdad más grande.

Estos sonidos negros son el misterio, las raíces que se clavan en el limo que todos conocemos, que todos ignoramos, pero de donde nos llega lo que es sustancial en el arte. Sonidos negros, dijo el hombre popular de España, y coincidió con Goethe, que hace la definición del duende al hablar de Paganini, diciendo: «Poder misterioso que todos sienten y ningún filósofo explica».

Así pues, el duende es un poder y no un obrar, es un luchar y no un pensar. Yo he oído decir a un viejo maestro guitarrista: «El duende no está en la garganta; el duende sube por dentro, desde las plantas de los pies». Es decir, no es cuestión de facultad, sino de verdadero estilo vivo; es decir, de sangre; de viejísima cultura, y, a la vez, de creación en acto.

Este «poder misterioso que todos sienten y ningún filósofo explica» es, en suma, el espíritu de la Tierra, el mismo duende que abrasó el corazón de Nietzsche, que lo buscaba en sus formas exteriores sobre el puente Rialto o en la música de Bizet, sin encontrarlo y sin saber que el duende que él perseguía había saltado de los misterios griegos a las bailarinas de Cádiz o al dionisíaco grito degollado de la siguiriya de Silverio.

Así pues, no quiero que nadie confunda el duende con el demonio teológico de la duda, al que Lutero, con un sentimiento báquico, le arrojó un frasco de tinta en Nuremberg, ni con el diablo católico, destructor y poco inteligente, que se disfraza de perra para entrar en los conventos, ni con el mono parlante que lleva el Malgesí de Cervantes en la *Comedia de los celos y las selvas de Ardenia.*

No. El duende de que hablo, oscuro y estremecido, es descendiente de aquel alegrísimo demonio de Sócrates, mármol y sal, que lo arañó indignado el día que tomó la cicuta, y del otro melancólico demonillo de Descartes, pequeño como una almendra verde, que, harto de círculos y líneas, salía por los canales para oír cantar a los grandes marineros borrosos.

Todo hombre, todo artista, llámese Nietzsche o Cézanne, cada escala que sube en la torre de su perfección es a costa de la lucha que sostiene con su duende, no con su ángel, como se ha dicho, ni con su musa. Es preciso hacer esta distinción, fundamental para la raíz de la obra.

El ángel guía y regala como san Rafael, defiende y evita como san Miguel, anuncia y previene como san Gabriel. El ángel deslumbra, pero vuela sobre la cabeza del hombre, está por encima, derrama su gracia, y el hombre sin ningún esfuerzo realiza su obra, o su simpatía o su danza. El ángel del camino de Damasco y el que entra por la rendija del balconcillo de Asís, o el que sigue los pasos de Enrique Susón, *ordenan*, y no hay modo de oponerse a sus luces, porque agitan sus alas de acero en el ambiente del predestinado.

La musa dicta y en algunas ocasiones sopla. Puede relativamente poco, porque ya está lejana y tan cansada (yo la he visto dos veces), que tuvieron que ponerle medio corazón de mármol. Los poetas de musa oyen voces y no saben dónde, pero son de la musa que los alienta y a veces se los merienda, como en el caso de Apollinaire, gran poeta destruido por la horrible musa con que lo pintó el divino angélico Rousseau. La musa despierta la inteligencia, trae paisajes de columnas y falso sabor de laureles, y la inteligencia es muchas veces la enemiga de la poesía, porque limita demasiado, porque eleva al poeta en un trono de agudas aristas, y le hace olvidar que de pronto se lo pueden comer las hormigas, o le puede caer en la cabeza una gran langosta de arsénico, contra la cual no pueden las musas que viven en los monóculos o en la rosa de tibia laca del pequeño salón.

Ángel y musa vienen de fuera; el ángel da luces y la musa formas. (Hesíodo aprendió de ella.) Pan de oro o pliegue de túnica, el poeta recibe normas en su bosquecillo de laureles. En cambio, al duende hay que despertarlo en las últimas habitaciones de la sangre. Y rechazar al ángel, y dar un puntapié a la musa, y perder el miedo a la sonrisa de violetas que exhala la poesía del XVIII y al gran telescopio en cuyos cristales se duerme la musa, enferma de límites.

La verdadera lucha es con el duende.

Se saben los caminos para buscar a Dios. Desde el modo bárbaro del eremita al modo sutil del místico. Con una torre como santa Teresa o con tres caminos como san Juan de la Cruz. Y aunque tengamos que clamar con voz de Isaías: «Verdaderamente tú eres Dios escondido», al fin y al cabo Dios manda al que lo busca sus primeras espinas de fuego.

Para buscar al duende no hay mapa ni ejercicio. Sólo se sabe que quema la sangre como un trópico de vidrios, que agota, que rechaza toda la dulce geometría aprendida, que rompe los estilos, que se apoya en el dolor humano que no tiene consuelo, que hace que Goya, maestro en los grises, en los platas y en los rosas de la mejor pintura inglesa, pinte con las rodillas y los puños con horribles negros de betún; o desnuda a *mossèn* Cinto Verdaguer en el frío de los Pirineos, o lleva a Jorge Manrique a esperar a la muerte en el páramo de Ocaña, o viste con un traje verde de saltimbanqui el cuerpo delicado de Rimbaud, o pone ojos de pez muerto al Conde de Lautréamont en la madrugada del *boulevard*.

Los grandes artistas del sur de España, gitanos o flamencos, ya canten, bailen o toquen, saben que no es posible ninguna emoción sin la llegada del duende. Ellos engañan a la gente y pueden dar sensación de duende sin haberla, como os engañan todos los días autores o pintores o modistas literarios sin duende; pero basta fijarse un poco y no dejarse llevar por la indiferencia, para descubrir la trampa y hacerles huir con su burdo artificio.

Una vez la cantaora andaluza Pastora Pavón, *la Niña de los Peines*, sombrío genio hispánico, equivalente en capacidad de fantasía a Goya o Rafael *el Gallo*, cantaba en una tabernilla de Cádiz. Jugaba con su voz de sombra, con su voz de estaño fundido, con su voz cubierta de musgo; y se la enredaba en la cabellera o la mojaba en manzanilla o la perdía por unos jarales oscuros y lejanísimos. Pero nada; era inútil. Los oyentes permanecían callados.

Allí estaba Ignacio Espeleta, hermoso como una tortuga romana, a quien preguntaron una vez «¿Cómo no trabajas?»; y él, con una sonrisa digna de Argantonio, respondió: «¿Cómo voy a trabajar, si soy de Cádiz?».

Allí estaba Elvira *la Caliente*, aristócrata ramera de Sevilla, descendiente directa de Soledad Vargas, que en el treinta no se quiso casar con un Rothschild, porque no la igualaba en sangre. Allí estaban los Floridas, que la gente cree carniceros, pero que en realidad son sacerdotes milenarios que siguen sacrificando toros a Gerión, y en un ángulo el imponente ganadero don Pablo Murube, con un aire de máscara cretense. Pastora Pavón terminó de cantar en medio del silencio. Solo, y con sarcasmo, un hombre pequeñito, de esos hombrines bailarines que salen de pronto de las botellas de aguardiente, dijo en voz muy baja: «¡Viva París!», como diciendo: «Aquí no nos importan las facultades, ni la técnica, ni la maestría. Nos importa otra cosa».

Entonces la Niña de los Peines se levantó como una loca, tronchada igual que una llorona medieval, y se bebió de un trago un gran vaso de cazalla como fuego, y se sentó a cantar, sin voz, sin aliento, sin matices, con la garganta abrasada, pero... con duende. Había logrado matar todo el andamiaje de la canción, para dejar paso a un duende furioso y avasallador, amigo de los vientos cargados de arena, que hacía que los oyentes se rasgaran los trajes, casi con el mismo ritmo con que se los rompen los negros antillanos del rito lucumí apelotonados ante la imagen de santa Bárbara.

La Niña de los Peines tuvo que desgarrar su voz porque sabía que la estaba oyendo gente exquisita que no pedía formas sino tuétano de formas, música pura con el cuerpo sucinto para poderse mantener en el aire. Se tuvo que empobrecer de facultades y de seguridades; es decir, tuvo que alejar a su musa y quedarse desamparada, que su duende viniera y se dignara luchar a brazo partido. ¡Y cómo cantó! Su voz ya no jugaba, su voz era un chorro de sangre, digna, por su dolor y su sinceridad, de abrirse como una mano de diez dedos por los pies clavados, pero llenos de borrasca, de un Cristo de Juan de Juni.

La llegada del duende presupone siempre un cambio radical en todas las formas. Sobre planos viejos, da sensaciones de frescura totalmente inéditas, con una calidad de cosa recién creada, de milagro, que llega a producir un entusiasmo casi religioso.

En toda la música árabe, danza, canción o elegía, la llegada del duende es saludada con enérgicos «¡Alá, Alá!», «¡Dios, Dios!», tan cerca del «¡Olé!» de los toros que quién sabe si será lo mismo, y en todos los cantos del sur de España la aparición del duende es seguida por sinceros gritos de «¡Viva Dios!», profundo, humano, tierno grito, de una comunicación con Dios por medio de los cinco sentidos, gracias al duende que agita la voz y el cuerpo de la bailarina; evasión real y poética de este mundo, tan pura como la conseguida por el rarísimo poeta del XVII, Pedro Soto de Rojas, a través de siete jardines, o la de Juan Calímaco por una temblorosa escala de llanto.

Naturalmente, cuando esta evasión está lograda, todos sienten sus efectos; el iniciado, viendo cómo el estilo vence a una materia pobre, y el ignorante, en el no sé qué de una auténtica emoción. Hace años, en un concurso de baile de Jerez de la Frontera, se llevó el premio una vieja de ochenta años contra hermosas mujeres y muchachos con la cintura de agua, por el solo hecho de levantar los brazos, erguir la cabeza, y dar un golpe con el pie sobre el tabladillo; pero en la reunión de musas y de ángeles que había allí, belleza de forma y belleza de sonrisa, tenía que ganar y ganó aquel duende moribundo, que arrastraba sus alas de cuchillos oxidados por el suelo.

Todas las artes son capaces de duende, pero donde encuentra más campo, como es natural, es en la música, en la danza, y en la poesía hablada, ya que éstas necesitan un cuerpo vivo que interprete, porque son formas que nacen y mueren de modo perpetuo y alzan sus contornos sobre un presente exacto. Muchas veces el duende del músico pasa al duende del intérprete, y otras veces, cuando el músico o el poeta no son tales, el duende del intérprete, y esto es interesante, crea una nueva maravilla que tiene en la apariencia, nada más, la forma primitiva. Tal el caso de la enduendada Eleonora Duse, que buscaba obras fracasadas para hacerlas triunfar gracias a lo que ella inventaba, o el caso de Paganini, explicado por Goethe, que hacía oír melodías profundas de verdaderas vulgaridades, o el caso de una deliciosa muchacha del Puerto de Santa María a quien yo le vi cantar y bailar el horroroso cuplé italiano «¡O Marí!» con unos ritmos, unos silencios, y una intención que hacían de la pacotilla napolitana una dura serpiente de oro levantado.

Lo que pasa es que, efectivamente, encontraban alguna cosa nueva que nada tenía que ver con lo anterior, que ponían sangre viva y ciencia sobre cuerpos vacíos de expresión.

Todas las artes, y aun los países, tienen capacidad de duende, de ángel, y de musa, y así como Alemania tiene, con excepciones, musa, y la Italia tiene permanentemente ángel, España está en todos los tiempos movida por el duende. Como país de música y danzas milenarias donde el duende exprime limones de madrugada, y como país de muerte. Como país abierto a la muerte.

En todos los países la muerte es un fin. Llega y se corren las cortinas. En España no. En España se levantan. Muchas gentes viven allí entre muros hasta el día en que mueren y las sacan al sol. Un muerto en España está más vivo como muerto que en ningún sitio del mundo: hiere su perfil como el filo de una navaja barbera. El chiste sobre la muerte o su contemplación silenciosa son familiares a los españoles. Desde *El sueño de las calaveras*, de Quevedo, hasta el *Obispo podrido*, de Valdés Leal, y desde la Marbella del siglo XVII, muerta de parto en mitad del camino, que dice:

> La sangre de mis entrañas
> cubriendo el caballo está;
> las patas de tu caballo
> echan fuego de alquitrán,

al reciente mozo de Salamanca, muerto por el toro, que clama:

> Amigos, que yo me muero;
> amigos, yo estoy muy malo.
> Tres pañuelos tengo dentro
> y este que meto son cuatro

hay una barandilla de flores de salitre donde se asoma un pueblo de contempladores de la muerte; con versículo de Jeremías por el lado más áspero, o con ciprés fragante por el lado más lírico, pero un país donde lo más importante de todo tiene un último valor metálico de muerte.

La casulla y la rueda del carro, y la navaja y las barbas pinchosas de los pastores y la luna pelada y la mosca y las alacenas húmedas y los derribos y los santos cubiertos de encaje y la cal y la línea hiriente de aleros y miradores, tienen en España diminutas hierbas de muerte, alusiones y voces perceptibles para un espíritu alerta, que nos llenan la memoria con el aire yerto de nuestro propio tránsito. No es casualidad todo el arte español ligado con nuestra tierra, llena de cardos y piedras definitivas, no es un ejemplo aislado la lamentación de Pleberio o las danzas del maestro Josef María de Valdivielso, no es un azar el que de toda la balada europea se destaque esta amada española:

> Si tú eres mi linda amiga,
> ¿cómo no me miras, di?
> Ojos con que te miraba

a la sombra se los di.
Si tú eres mi linda amiga,
¿cómo no me besas, di?
Labios con que te besaba
a la tierra se los di.
Si tú eres mi linda amiga,
¿cómo no me abrazas, di?
Brazos con que te abrazaba
de gusanos los cubrí.

ni es extraño que en los albores de nuestra lírica suene esta canción:

Dentro del vergel
moriré.
Dentro del rosal
matar me han.
Yo me iba, mi madre,
las rosas coger,
hallara la muerte
dentro del vergel.
Yo me iba, mi madre,
las rosas cortar,
hallara la muerte
dentro del rosal.
Dentro del vergel
moriré,
dentro del rosal,
matar me han.

Las cabezas heladas por la luna que pintó Zurbarán, el amarillo manteca con el amarillo relámpago del Greco, el relato del padre Sigüenza, la obra íntegra de Goya, el ábside de la iglesia del Escorial, toda la escultura policromada, la cripta de la casa ducal de Osuna, la muerte con la guitarra de la capilla de los Benavente en Medina de Rioseco, equivalen, en lo culto, a la romería de San Andrés de Teixido, donde los muertos llevan sitio en la procesión, a los cantos de difuntos que cantan las mujeres de Asturias con faroles llenos de llamas en la noche de noviembre, al canto y danza de la Sibila en las catedrales de Mallorca y Toledo, al oscuro *In record* tortosino, y a los innumerables ritos del Viernes Santo, que con la cultísima fiesta de los toros, forman el triunfo popular de la muerte española. En el mundo, solamente México puede cogerse de la mano con mi país.

Cuando la musa ve llegar a la muerte, cierra la puerta, o levanta un plinto, o pasea una urna, y escribe un epitafio con mano de cera, pero en seguida vuelve a regar su laurel, con un silencio que vacila entre dos brisas. Bajo el arco truncado de la Oda, ella junta con sentido fúnebre las flores exactas que pintaron los italianos del xv y llama al seguro gallo de Lucrecio para que espante sombras imprevistas.

Cuando ve llegar a la muerte el ángel, vuela en círculos lentos y teje con lágrimas de hielo y narcisos la elegía que hemos visto temblar en las manos de Keats, y en las de Villasandino, y en las de Herrera, en las de Bécquer, y en las de Juan Ramón Jiménez. Pero ¡qué terror el del ángel si siente una araña, por diminuta que sea, sobre su tierno pie rosado!

En cambio, el duende no llega si no ve posibilidad de muerte, si no sabe que ha de rondar su casa, si no tiene seguridad que ha de mecer esas ramas que todos llevamos, que no tienen, que no tendrán consuelo.

Con idea, con sonido, o con gesto, el duende gusta de los bordes del pozo en franca lucha con el creador. Ángel y musa se escapan con violín o compás, y el duende hiere, y en la curación de esta herida que no se cierra nunca está lo insólito, lo inventado de la obra de un hombre.

La virtud mágica del poema consiste en estar siempre enduendado para bautizar con agua oscura a todos los que lo miran, porque con duende es más fácil amar, comprender, y es *seguro* ser amado, ser comprendido, y esta lucha por la expresión y por la comunicación de la expresión adquiere a veces en poesía caracteres mortales.

Recordad el caso de la flamenquísima y enduendada santa Teresa, flamenca no por atar un toro furioso y darle tres magníficos pases, que lo hizo, ni por presumir de guapa delante de fray Juan de la Miseria, ni por darle una bofetada al Nuncio de Su Santidad, sino por ser una de las pocas criaturas cuyo duende (no cuyo ángel, porque el ángel no ataca nunca) la traspasa con un dardo, queriendo matarla por haberle quitado su último secreto, el puente sutil que une los cinco sentidos con ese centro en carne viva, en mar viva, del Amor libertado del Tiempo.

Valentísima vencedora del duende, y caso contrario al de Felipe de Austria, que, ansiando buscar musa y ángel en la teología y en la astronomía, se vio aprisionado por el duende de los ardores fríos en esa obra del Escorial, donde la geometría limita con el sueño, y donde el duende se pone careta de musa para eterno castigo del gran Rey.

Hemos dicho que el duende ama el borde de la herida y se acerca a los sitios donde las formas se funden en un anhelo superior a sus expresiones visibles.

En España (como en los pueblos de Oriente donde la danza es expresión religiosa) tiene el duende un campo sin límites sobre los cuerpos de las bailarinas de Cádiz, elogiadas por Marcial, sobre los pechos de los que cantan, elogiados por Juvenal, y en toda la liturgia de los toros, auténtico drama religioso, donde, de la misma manera que en la misa, se adora y se sacrifica a un dios.

Parece como si todo el duende del mundo clásico se agolpara en esta fiesta perfecta, exponente de la cultura y la gran sensibilidad de un pueblo que descubre en el hombre sus mejores iras, sus mejores bilis y su mejor llanto. Ni en el baile español ni en los toros se divierte nadie; el duende se encarga de hacer sufrir, por medio del drama sobre formas vivas, y prepara las escaleras para una evasión de la realidad que circunda.

El duende opera sobre el cuerpo de la bailarina como el aire sobre la arena. Convierte con mágico poder una hermosa muchacha en paralítica de la luna, o llena de rubores adolescentes a un viejo roto que pide limosna por las tiendas de vino; da con una cabellera olor de puerto nocturno y en todo momento opera sobre los brazos, en expresiones que son madres de la danza de todos los tiempos.

Pero imposible repetirse nunca. Esto es muy interesante de subrayar. El duende no se repite, como no se repiten las formas del mar en la borrasca.

En los toros adquiere sus acentos más impresionantes porque tiene que luchar, por un lado, con la muerte, que puede destruirlo, y, por otro lado, con la geometría, con la medida, base fundamental de la fiesta.

El toro tiene su órbita, el torero la suya, y entre órbita y órbita hay un punto de peligro, donde está el vértice del terrible juego.

Se puede tener musa con la muleta y ángel con las banderillas y pasar por buen torero, pero en la faena de capa, con el toro limpio todavía de heridas, y en el momento de matar, se necesita la ayuda del duende para dar en el clavo de la verdad artística.

El torero que asusta al público en la plaza con su temeridad no torea, sino que está en ese plano ridículo, al alcance de cualquier hombre, de *jugarse la vida*; en cambio, el torero mordido por el duende da una lección de música pitagórica, y hace olvidar que tira constantemente el corazón sobre los cuernos.

Lagartijo con su duende romano, Joselito con su duende judío, Belmonte con su duende barroco, y Cagancho con su duende gitano enseñan desde el crepúsculo del anillo a poetas, pintores y músicos, cuatro grandes caminos de la tradición española.

España es el único país donde la muerte es el espectáculo nacional, donde la muerte toca largos clarines a la llegada de las primaveras, y su arte está siempre regido por un duende agudo que le ha dado su diferencia y su cualidad de invención.

El duende que llena de sangre, por vez primera en la escultura, las mejillas de los santos del maestro Mateo de Compostela, es el mismo que hace gemir a san Juan de la Cruz o quema ninfas desnudas por los sonetos religiosos de Lope.

El duende que levanta la torre de Sahagún o trabaja calientes ladrillos en Calatayud o Teruel, es el mismo que rompe las nubes del Greco y echa a volar a puntapiés alguaciles de Quevedo y quimeras de Goya.

Cuando llueve, saca a Velázquez, enduendado en secreto detrás de sus grises monárquicos; cuando nieva, hace salir a Herrera desnudo para demostrar que el frío no mata, cuando arde, mete en sus llamas a Berruguete, y le hace inventar un nuevo espacio para la escultura.

La musa de Góngora y el ángel de Garcilaso han de soltar la guirnalda de laurel cuando pasa el duende de san Juan de la Cruz, cuando

> El ciervo vulnerado
> por el otero asoma.

La musa de Gonzalo de Berceo y el ángel del Arcipreste de Hita se han de apartar para dejar paso a Jorge Manrique cuando llega herido de muerte a las puertas del castillo de Belmonte. La musa de Gregorio Hernández y el ángel de José de Mora han de alejarse para que cruce el duende que llora lágrimas de sangre de Mena, y el duende con cabeza de toro asirio de Martínez Montañés; como la melancólica musa de Cataluña y el ángel mojado de Galicia han de mirar, con amoroso asombro, al duende de Castilla, tan lejos del pan caliente y de la dulcísima vaca, que pasa con normas de cielo barrido y tierra seca.

Duende de Quevedo y duende de Cervantes, con verdes anémonas de fósforo el uno y flores de yeso de Ruidera el otro, coronan el retablo del duende de España.

Cada arte tiene, como es natural, un duende de modo y forma distinta, pero todos unen sus raíces en un punto, de donde manan los sonidos negros de Manuel Torres, materia última y fondo común incontrolable y estremecido, de leño, son, tela, y vocablo.

Sonidos negros detrás de los cuales están ya en tierna intimidad los volcanes, las hormigas, los céfiros, y la gran noche, apretándose la cintura con la Vía Láctea.

Señoras y señores: He levantado tres arcos, y con mano torpe he puesto en ellos a la musa, al ángel y al duende.

La musa permanece quieta; puede tener la túnica de pequeños pliegues o los ojos de vaca que miran en Pompeya, o la narizota de cuatro caras con que su gran amigo Picasso la ha pintado. El ángel puede agitar cabellos de Antonello de Messina, túnica de Lippi, y violín de Massolino o de Rousseau.

El duende... ¿Dónde está el duende? Por el arco vacío entra un aire mental que sopla con insistencia sobre las cabezas de los muertos, en busca de nuevos paisajes y acentos ignorados; un aire con olor de saliva de niño, de hierba machacada y velo de medusa, que anuncia el constante bautizo de las cosas recién creadas.

De «Libro de poemas»

A mi hermano Paquito

Palabras de justificación

Ofrezco en este libro, todo ardor juvenil, y tortura, y ambición sin medida, la imagen exacta de mis días de adolescencia y juventud, esos días que enlazan el instante de hoy con mi misma infancia reciente.

En estas páginas desordenadas va el reflejo fiel de mi corazón y de mi espíritu, teñido del matiz que le prestara, al poseerlo, la vida palpitante en torno recién nacida para mi mirada.

Se hermana el nacimiento de cada una de estas poesías que tienes en tus manos, lector, al propio nacer de un brote nuevo del árbol músico de mi vida en flor. Ruindad fuera el menospreciar esta obra que tan enlazada está a mi propia vida.

Sobre su incorrección, sobre su limitación segura, tendrá este libro la virtud, entre otras muchas que yo advierto, de recordarme en todo instante mi infancia apasionada correteando desnuda por las praderas de una vega sobre un fondo de serranía.

Veleta

Julio de 1920
FUENTE VAQUEROS
GRANADA

Viento del Sur.
Moreno, ardiente,
Llegas sobre mi carne,
Trayéndome semilla
De brillantes
Miradas, empapado
De azahares.

Pones roja la luna
Y sollozantes
Los álamos cautivos, pero vienes
¡Demasiado tarde!
¡Ya he enrollado la noche de mi cuento
En el estante!

Sin ningún viento,
¡Hazme caso!
Gira, corazón;
Gira, corazón.

Aire del Norte,
¡Oso blanco del viento!,
Llegas sobre mi carne
Tembloroso de auroras
Boreales,
Con tu capa de espectros

Capitanes,
Y riyéndote a gritos
Del Dante.
¡Oh pulidor de estrellas!
Pero vienes
Demasiado tarde.
Mi almario está musgoso
Y he perdido la llave.

Sin ningún viento,
¡Hazme caso!
Gira, corazón;
Gira, corazón.

Brisas gnomos y vientos
De ninguna parte,
Mosquitos de la rosa
De pétalos pirámides,
Alisios destetados
Entre los rudos árboles,
Flautas en la tormenta,
¡Dejadme!
Tiene recias cadenas
Mi recuerdo,
Y está cautiva el ave
Que dibuja con trinos
La tarde.

Las cosas que se van no vuelven nunca,
Todo el mundo lo sabe,
Y entre el claro gentío de los vientos
Es inútil quejarse.

¿Verdad, chopo, maestro de la brisa?
¡Es inútil quejarse!

Sin ningún viento,
¡Hazme caso!
Gira, corazón;
Gira, corazón.

La sombra de mi alma

Diciembre de 1919
MADRID

La sombra de mi alma
Huye por un ocaso de alfabetos,
Niebla de libros
Y palabras.

¡La sombra de mi alma!

He llegado a la línea donde cesa
La nostalgia,
Y la gota de llanto se transforma,
Alabastro de espíritu.

(¡La sombra de mi alma!)

El copo del dolor
Se acaba,
Pero queda la razón y la sustancia

De mi viejo mediodía de labios,
De mi viejo mediodía
De miradas.

Un turbio laberinto
De estrellas ahumadas
Enreda mi ilusión
Casi marchita.

¡La sombra de mi alma!

Y una alucinación
Me ordeña las miradas.
Veo la palabra amor
Desmoronada.

¡Ruiseñor mío!
¡Ruiseñor!
¿Aún cantas?

Si mis manos pudieran deshojar

10 de noviembre de 1919
GRANADA

Yo pronuncio tu nombre
En las noches oscuras
Cuando vienen los astros
A beber en la luna
Y duermen los ramajes

De las frondas ocultas.
Y yo me siento hueco
De pasión y de música.
Loco reloj que canta
Muertas horas antiguas.

Yo pronuncio tu nombre
En esta noche oscura,
Y tu nombre me suena
Más lejano que nunca.
Más lejano que todas las estrellas
Y más doliente que la mansa lluvia.

¿Te querré como entonces
Alguna vez? ¿Qué culpa
Tiene mi corazón?
Si la niebla se esfuma,
¿Qué otra pasión me espera?
¿Será tranquila y pura?
¡¡Si mis dedos pudieran
Deshojar a la luna!!

Balada de un día de Julio

Julio de 1919

Esquilones de plata
Llevan los bueyes.

— ¿Dónde vas, niña mía,
De sol y nieve?

– Voy a las margaritas
Del prado verde.

– El prado está muy lejos
Y miedo tiene.

– Al airón y a la sombra
Mi amor no teme.

– Teme al sol, niña mía,
De sol y nieve.

– Se fue de mis cabellos
Ya para siempre.

– ¿Quién eres, blanca niña?
¿De dónde vienes?

– Vengo de los amores
Y de las fuentes.

Esquilones de plata
Llevan los bueyes.

– ¿Qué llevas en la boca
Que se te enciende?

– La estrella de mi amante
Que vive y muere.

– ¿Qué llevas en el pecho
Tan fino y leve?

– La espada de mi amante
Que vive y muere.

– ¿Qué llevas en los ojos
Negro y solemne?

– Mi pensamiento triste
Que siempre hiere.

– ¿Por qué llevas un manto
Negro de muerte?

– ¡Ay, yo soy la viudita
Triste y sin bienes

Del conde del Laurel
De los Laureles!

– ¿A quién buscas aquí
Si a nadie quieres?

– Busco el cuerpo del conde
De los Laureles.

– ¿Tú buscas el amor,
Viudita aleve?
Tú buscas un amor
Que ojalá encuentres.

– Estrellitas del cielo
Son mis quereres.
¿Dónde hallaré a mi amante
Que vive y muere?

– Está muerto en el agua,
Niña de nieve,
Cubierto de nostalgias
Y de claveles.

– ¡Ay!, caballero errante
De los cipreses,
Una noche de luna
Mi alma te ofrece.

– Ah Isis soñadora,
Niña sin mieles
La que en bocas de niños
Su cuento vierte.
Mi corazón te ofrezco,
Corazón tenue,
Herido por los ojos
De las mujeres.

– Caballero galante,
Con Dios te quedes.
Voy a buscar al conde
De los Laureles...

Adiós, mi doncellita,
Rosa durmiente,
Tú vas para el amor
Y yo a la muerte.

Esquilones de plata
Llevan los bueyes.

Mi corazón desangra
Como una fuente.

«In memoriam»

Agosto de 1920

Dulce chopo,
Dulce chopo,
Te has puesto
De oro.
Ayer estabas verde,
Un verde loco
De pájaros
Gloriosos.
Hoy estás abatido
Bajo el cielo de Agosto
Como yo bajo el cielo
De mi espíritu rojo.
La fragancia cautiva
De tu tronco
Vendrá a mi corazón
Piadoso.
¡Rudo abuelo del prado!
Nosotros,
Nos hemos puesto
De oro.

Tarde

Noviembre de 1919

Tarde lluviosa en gris cansado,
Y sigue el caminar.
Los árboles marchitos.
                        Mi cuarto, solitario.
Y los retratos viejos
Y el libro sin cortar...

Chorrea la tristeza por los muebles
Y por mi alma.
                    Quizá,
No tenga para mí Naturaleza
El pecho de cristal.

Y me duele la carne del corazón
Y la carne del alma.
                        Y al hablar,
Se quedan mis palabras en el aire
Como corchos sobre agua.

Sólo por tus ojos
Sufro yo este mal,
Tristezas de antaño
Y las que vendrán.

Tarde lluviosa en gris cansado,
Y sigue el caminar.

Prólogo

24 de julio de 1920
VEGA DE ZUJAIRA

Mi corazón está aquí,
Dios mío.
Hunde tu cetro en él, Señor.
Es un membrillo
Demasiado otoñal
Y está podrido.
Arranca los esqueletos
De los gavilanes líricos
Que tanto, tanto lo hirieron,
Y si acaso tienes pico
Móndale su corteza
De Hastío.

Mas si no quieres hacerlo,
Me da lo mismo,
Guárdate tu cielo azul,
Que es tan aburrido,
El rigodón de los astros
Y tu Infinito,
Que yo pediré prestado
El corazón a un amigo.
Un corazón con arroyos
Y pinos,
Y un ruiseñor de hierro
Que resista
El martillo
De los siglos.

Además, Satanás me quiere mucho,
Fue compañero mío
En un examen de
Lujuria, y el pícaro,
Buscará a Margarita
—Me lo tiene ofrecido–,
Margarita morena,
Sobre un fondo de viejos olivos,
Con dos trenzas de noche
De Estío,
Para que yo desgarre
Sus muslos limpios.
Y entonces, ¡oh Señor!,
Seré tan rico
O más que tú,
Porque el vacío
No puede compararse
Al vino
Con que Satán obsequia
A sus buenos amigos.
Licor hecho con llanto.
¡Qué más da!
Es lo mismo
Que tu licor compuesto
De trinos.

Dime, Señor,
¡Dios mío!
¿Nos hundes en la sombra
Del abismo?
¿Somos pájaros ciegos
Sin nidos?

La luz se va apagando.
¿Y el aceite divino?
Las olas agonizan.
¿Has querido
Jugar como si fuéramos
Soldaditos?
Dime, Señor,
¡Dios mío!
¿No llega el dolor nuestro
A tus oídos?
¿No han hecho las blasfemias
Babeles sin ladrillos
Para herirte, o te gustan
Los gritos?
¿Estás sordo? ¿Estás ciego?
¿O eres bizco
De espíritu
Y ves el alma humana
Con tonos invertidos?

¡Oh Señor soñoliento!
¡Mira mi corazón
Frío
Como un membrillo
Demasiado otoñal
Que está podrido!

Si tu luz va a llegar,
Abre los ojos vivos;
Pero si continúas
Dormido,
Ven, Satanás errante,
Sangriento peregrino,

Ponme la Margarita
Morena en los olivos
Con las trenzas de noche
De Estío,
Que yo sabré encenderle
Sus ojos pensativos
Con mis besos manchados
De lirios.
Y oiré una tarde ciega
Mi ¡Enrique! ¡Enrique!
Lírico,
Mientras todos mis sueños
Se llenan de rocío.
Aquí, Señor, te dejo
Mi corazón antiguo,
Voy a pedir prestado
Otro nuevo a un amigo.
Corazón con arroyos
Y pinos.
Corazón sin culebras
Ni lirios.
Robusto, con la gracia
De un joven campesino,
Que atraviesa de un salto
El río.

Balada interior

16 de julio de 1920
VEGA DE ZUJAIRA

A Gabriel

El corazón
Que tenía en la escuela
Donde estuvo pintada
La cartilla primera,
¿Está en ti,
Noche negra?

(Frío, frío,
Como el agua
Del río.)

El primer beso
Que supo a beso y fue
Para mis labios niños
Como la lluvia fresca,
¿Está en ti,
Noche negra?

(Frío, frío,
Como el agua
Del río.)

Mi primer verso,
La niña de las trenzas
Que miraba de frente,
¿Está en ti,
Noche negra?

(Frío, frío,
Como el agua
Del río.)

Pero mi corazón
Roído de culebras,
El que estuvo colgado
Del árbol de la ciencia,
¿Está en ti,
Noche negra?

(Caliente, caliente,
Como el agua
De la fuente.)

Mi amor errante,
Castillo sin firmeza,
De sombras enmohecidas,
¿Está en ti,
Noche negra?

(Caliente, caliente,
Como el agua
De la fuente.)

¡Oh, gran dolor!
Admites en tu cueva
Nada más que la sombra.
¿Es cierto,
Noche negra?

(Caliente, caliente,
Como el agua
De la fuente.)

¡Oh, corazón perdido!
¡*Requiem aeternam*!

Balada de la placeta

1919

Cantan los niños
En la noche quieta:
¡Arroyo claro,
Fuente serena!

Los niños
¿Qué tiene tu divino
Corazón en fiesta?

Yo
Un doblar de campanas
Perdidas en la niebla.

Los niños
Ya nos dejas cantando
En la plazuela.
¡Arroyo claro,
Fuente serena!

¿Qué tienes en tus manos
De primavera?

Yo
Una rosa de sangre
Y una azucena.

Los niños
Mójalas en el agua
De la canción añeja.
¡Arroyo claro,
Fuente serena!

¿Qué sientes en tu boca
Roja y sedienta?

Yo
El sabor de los huesos
De mi gran calavera.

Los niños
Bebe el agua tranquila
De la canción añeja.
¡Arroyo claro,
Fuente serena!

¿Por qué te vas tan lejos
De la plazuela?

Yo
¡Voy en busca de magos
Y de princesas!

Los niños
¿Quién te enseñó el camino
De los poetas?

Yo
La fuente y el arroyo
De la canción añeja.

Los niños
¿Te vas lejos, muy lejos
Del mar y de la tierra?

Yo
Se ha llenado de luces
Mi corazón de seda,
De campanas perdidas,
De lirios y de abejas.
Y yo me iré muy lejos,
Más allá de esas sierras,
Más allá de los mares,
Cerca de las estrellas,
Para pedirle a Cristo
Señor que me devuelva
Mi alma antigua de niño,
Madura de leyendas,
Con el gorro de plumas
Y el sable de madera.

Los niños
Ya nos dejas cantando
En la plazuela.
¡Arroyo claro,
Fuente serena!

Las pupilas enormes
De las frondas resecas,
Heridas por el viento,
Lloran las hojas muertas.

Hora de estrellas

1920

El silencio redondo de la noche
Sobre el pentágrama
Del infinito.

Yo me salgo desnudo a la calle,
Maduro de versos
Perdidos.
Lo negro, acribillado
Por el canto del grillo,
Tiene ese fuego fatuo,
Muerto,
Del sonido.
Esa luz musical
Que percibe
El espíritu.

Los esqueletos de mil mariposas
Duermen en mi recinto.

Hay una juventud de brisas locas
Sobre el río.

La balada del agua del mar

1920

A Emilio Prados
(*Cazador de nubes*)

El mar,
Sonríe a lo lejos.
Dientes de espuma,
Labios de cielo.

– ¿Qué vendes, oh joven turbia,
Con los senos al aire?

– Vendo, señor, el agua
De los mares.

– ¿Qué llevas, oh negro joven,
Mezclado con tu sangre?

– Llevo, señor, el agua
De los mares.

– ¿Esas lágrimas salobres
De dónde vienen, madre?

– Lloro, señor, el agua
De los mares.

– Corazón, y esta amargura
Seria, ¿de dónde nace?

– ¡Amarga mucho el agua
De los mares!

El mar,
Sonríe a lo lejos.
Dientes de espuma,
Labios de cielo.

Deseo

1920

Sólo tu corazón caliente,
Y nada más.

Mi paraíso un campo
Sin ruiseñor
Ni liras,
Con un río discreto
Y una fuentecilla.

Sin la espuela del viento
Sobre la fronda,
Ni la estrella que quiere
Ser hoja.

Una enorme luz
Que fuera
Luciérnaga
De otra,
En un campo de
Miradas rotas.

Un reposo claro
Y allí nuestros besos,
Lunares sonoros
Del eco,
Se abrirían muy lejos
Y tu corazón caliente,
Nada más.

Meditación bajo la lluvia
Fragmento

3 de enero de 1919

A José Mora

Ha besado la lluvia al jardín provinciano
Dejando emocionantes cadencias en las hojas.
El aroma sereno de la tierra mojada,
Inunda al corazón de tristeza remota.

Se rasgan nubes grises en el mudo horizonte.
Sobre el agua dormida de la fuente, las gotas
Se clavan, levantando claras perlas de espuma.
Fuegos fatuos, que apaga el temblor de las ondas.

La pena de la tarde estremece a mi pena.
Se ha llenado el jardín de ternura monótona.
¿Todo mi sufrimiento se ha de perder, Dios mío,
Como se pierde el dulce sonido de las frondas?

¿Todo el eco de estrellas que guardo sobre el alma
Será luz que me ayude a luchar con mi forma?

¿Y el alma verdadera se despierta en la muerte?
¿Y esto que ahora pensamos se lo traga la sombra?

¡Oh, qué tranquilidad del jardín con la lluvia!
Todo el paisaje casto mi corazón transforma,
En un ruido de ideas humildes y apenadas
Que pone en mis entrañas un batir de palomas.

Sale el sol.
　　　　　El jardín desangra en amarillo.
Late sobre el ambiente una pena que ahoga.
Yo siento la nostalgia de mi infancia intranquila,
Mi ilusión de ser grande en el amor, las horas
Pasadas como ésta contemplando la lluvia
Con tristeza nativa.
　　　　　Caperucita roja
Iba por el sendero...
Se fueron mis historias, hoy medito, confuso,
Ante la fuente turbia que del amor me brota.

¿Todo mi sufrimiento se ha de perder, Dios mío,
Como se pierde el dulce sonido de las frondas?

Vuelve a llover.
El viento va trayendo a las sombras.

Sueño

Mayo de 1919

Iba yo montado sobre
Un macho cabrío.
El abuelo me habló
Y me dijo:

Ése es tu camino.
¡Es ése!, gritó mi sombra,
Disfrazada de mendigo.
¡Es aquel de oro, dijeron
Mis vestidos!
Un gran cisne me guiñó,
Diciendo: ¡Vente conmigo!
Y una serpiente mordía
Mi sayal de peregrino.
Mirando al cielo, pensaba:
Yo no tengo camino.
Las rosas del fin serán
Como las del principio.
En niebla se convierte
La carne y el rocío.

Mi caballo fantástico me lleva
Por un campo rojizo.
¡Déjame!, clamó, llorando,
Mi corazón pensativo.
Yo lo abandoné en la tierra,
Lleno de tristeza.
                              Vino

La noche, llena de arrugas
Y de sombras.

           Alumbran el camino,
Los ojos luminosos y azulados
De mi macho cabrío.

Aire de nocturno

1919

Tengo mucho miedo
De las hojas muertas,
Miedo de los prados
Llenos de rocío.
Yo voy a dormirme;
Si no me despiertas,
Dejaré a tu lado mi corazón frío.

¿Qué es eso que suena
Muy lejos?
Amor.
El viento en las vidrieras,
¡Amor mío!

Te puse collares
Con gemas de aurora.
¿Por qué me abandonas
En este camino?
Si te vas muy lejos

Mi pájaro llora
Y la verde viña
No dará su vino.

¿Qué es eso que suena
Muy lejos?
Amor.
El viento en las vidrieras,
¡Amor mío!

Tú no sabrás nunca,
Esfinge de nieve,
Lo mucho que yo
Te hubiera querido
Esas madrugadas
Cuando tanto llueve
Y en la rama seca
Se deshace el nido.

¿Qué es eso que suena
Muy lejos?
Amor.
El viento en las vidrieras,
¡Amor mío!

Primeras canciones

Remansos

Ciprés.
(Agua estancada.)

Chopo.
(Agua cristalina.)

Mimbre.
(Agua profunda.)

Corazón.
(Agua de pupila.)

REMANSILLO

Me miré en tus ojos
pensando en tu alma.

Adelfa blanca.

Me miré en tus ojos
pensando en tu boca.

Adelfa roja.

Me miré en tus ojos.
¡Pero estabas muerta!

Adelfa negra.

VARIACIÓN

El remanso del aire
bajo la rama del eco.

El remanso del agua
bajo fronda de luceros.

El remanso de tu boca
bajo espesura de besos.

REMANSO, CANCIÓN FINAL

Ya viene la noche.

Golpean rayos de luna
sobre el yunque de la tarde.

Ya viene la noche.

Un árbol grande se abriga
con palabras de cantares.

Ya viene la noche.

Si tú vinieras a verme
por los senderos del aire.

Ya viene la noche.

Me encontrarías llorando
bajo los álamos grandes.

¡Ay morena!
Bajo los álamos grandes.

MEDIA LUNA

La luna va por el agua.
¿Cómo está el cielo tranquilo?
Va segando lentamente
el temblor viejo del río
mientras que una rana joven
la toma por espejito.

Cuatro baladas amarillas

A Claudio Guillén

I

En lo alto de aquel monte
hay un arbolito verde.

Pastor que vas,
pastor que vienes.

Olivares soñolientos
bajan al llano caliente.

Pastor que vas,
pastor que vienes.

Ni ovejas blancas ni perro
ni cayado ni amor tienes.

    Pastor que vas.

Como una sombra de oro
en el trigal te disuelves.

    Pastor que vienes.

II

La tierra estaba
amarilla.

    Orillo, orillo,
    pastorcillo.

Ni luna blanca
ni estrellas lucían.

    Orillo, orillo,
    pastorcillo.

Vendimiadora morena
corta el llanto de la viña.

    Orillo, orillo,
    pastorcillo.

III

Dos bueyes rojos
en el campo de oro.

Los bueyes tienen ritmo
de campanas antiguas
y ojos de pájaro.
Son para las mañanas
de niebla, y sin embargo
horadan la naranja
del aire, en el verano.
Viejos desde que nacen
no tienen amo
y recuerdan las alas
de sus costados.
Los bueyes
siempre van suspirando
por los campos de Ruth
en busca del vado,
del eterno vado,
borrachos de luceros
a rumiarse sus llantos.

Dos bueyes rojos
en el campo de oro.

IV

Sobre el cielo
de las margaritas ando.

Yo imagino esta tarde
que soy santo.
Me pusieron la luna
en las manos.
Yo la puse otra vez
en los espacios
y el Señor me premió
con la rosa y el halo.

Sobre el cielo
de las margaritas ando.

Y ahora voy
por este campo
a librar a las niñas
de galanes malos
y dar monedas de oro
a todos los muchachos.

Sobre el cielo
de las margaritas ando.

Palimpsestos

A José Moreno Villa

I

CIUDAD

El bosque centenario
penetra en la ciudad
pero el bosque está dentro
del mar.

Hay flechas en el aire
y guerreros que van
perdidos entre ramas
de coral.

Sobre las casas nuevas
se mueve un encinar
y tiene el cielo enormes
curvas de cristal.

II
CORREDOR

Por los altos corredores
se pasean dos señores

(Cielo
nuevo.
¡Cielo
azul!)

... se pasean dos señores
que antes fueron blancos monjes,
(Cielo
medio.
¡Cielo
morado!)

... se pasean dos señores
que antes fueron cazadores.

(Cielo
viejo.
¡Cielo
de oro!)

... se pasean dos señores
que antes fueron...

(Noche.)

III
PRIMERA PÁGINA

A Isabel Clara, mi ahijada

Fuente clara.
Cielo claro.

¡Oh, cómo se agrandan
los pájaros!

Cielo claro.
Fuente clara.

¡Oh, cómo relumbran
las naranjas!

Fuente.
Cielo.

¡Oh, cómo el trigo
es tierno!

Cielo.
Fuente.

¡Oh, cómo el trigo
es verde!

Adán

Árbol de sangre moja la mañana
por donde gime la recién parida.
Su voz deja cristales en la herida
y un gráfico de hueso en la ventana.

Mientras la luz que viene fija y gana
blancas metas de fábula que olvida
el tumulto de venas en la huida
hacia el turbio frescor de la manzana,

Adán sueña en la fiebre de la arcilla
un niño que se acerca galopando
por el doble latir de su mejilla.

Pero otro Adán oscuro está soñando
neutra luna de piedra sin semilla
donde el niño de luz se irá quemando.

Claro de reloj

Me senté
en un claro del tiempo.
Era un remanso
de silencio,
de un blanco
silencio,
anillo formidable
donde los luceros
chocaban con los doce flotantes
números negros.

Cautiva

Por las ramas
indecisas
iba una doncella
que era la vida.
Por las ramas
indecisas.
Con un espejito
reflejaba el día
que era un resplandor
de su frente limpia.
Por las ramas
indecisas.
Sobre las tinieblas
andaba perdida,
llorando rocío,

del tiempo cautiva.
Por las ramas
indecisas.

Canción

Por las ramas del laurel
vi dos palomas oscuras.
La una era el sol,
la otra la luna.
Vecinitas, les dije,
¿dónde está mi sepultura?
En mi cola, dijo el sol.
En mi garganta, dijo la luna.
Y yo que estaba caminando
con la tierra a la cintura
vi dos águilas de mármol
y una muchacha desnuda.
La una era la otra
y la muchacha era ninguna.
Aguilitas, les dije,
¿dónde está mi sepultura?
En mi cola, dijo el sol.
En mi garganta, dijo la luna.
Por las ramas del cerezo
vi dos palomas desnudas,
la una era la otra
y las dos eran ninguna.

De «Suites»

Suite de los espejos

SÍMBOLO

Cristo
tenía un espejo
en cada mano.
Multiplicaba
su propio espectro.
Proyectaba su corazón
en las miradas
negras.
¡Creo!

EL GRAN ESPEJO

Vivimos
bajo el gran espejo.
¡El hombre es azul!
¡Hosanna!

REFLEJO

Doña Luna.
(¿Se ha roto el azogue?)
No.
¿Qué muchacho ha encendido
su linterna?
Sólo una mariposa
basta para apagarte.

Calla... ¡pero es posible!
¡Aquella luciérnaga
es la luna!

RAYOS

Todo es abanico.
Hermano, abre los brazos.
Dios es el punto.

RÉPLICA

Un pájaro tan sólo
canta.
El aire multiplica.
Oímos por espejos.

TIERRA

Andamos
sobre un espejo
sin azogue,
sobre un cristal
sin nubes.
Si los lirios nacieran
al revés,
si las rosas nacieran
al revés,
si todas las raíces
miraran las estrellas,
y el muerto no cerrara

sus ojos,
seríamos como cisnes.

CAPRICHO

Detrás de cada espejo
hay una estrella muerta
y un arco iris niño
que duerme.

Detrás de cada espejo
hay una calma eterna
y un nido de silencios
que no han volado.

El espejo es la momia
del manantial, se cierra,
como concha de luz,
por la noche.

El espejo
es la madre-rocío,
el libro que diseca
los crepúsculos, el eco hecho carne.

SINTO

Campanillas de oro.
Pagoda dragón.
Tilín, tilín,
sobre los arrozales.

Fuente primitiva.
Fuente de la verdad.
A lo lejos,
garzas de color rosa
y el volcán marchito.

LOS OJOS

En los ojos se abren
infinitos senderos.
Son dos encrucijadas
de la sombra.
La muerte llega siempre
de esos campos ocultos.
(Jardinera que troncha
las flores de las lágrimas.)
Las pupilas no tienen
horizontes.
Nos perdemos en ellas
como en la selva virgen.
Al castillo de irás
y no volverás
se va por el camino
que comienza en el iris.
¡Muchacho sin amor,
Dios te libre de la yedra roja!
¡Guárdate del viajero,
Elenita que bordas
corbatas!

«INITIUM»

Adán y Eva.
La serpiente
partió el espejo
en mil pedazos,
y la manzana
fue la piedra.

«BERCEUSE» AL ESPEJO DORMIDO

Duerme.
No temas la mirada
errante.
         Duerme.

Ni la mariposa,
ni la palabra,
ni el rayo furtivo
de la cerradura
te herirán.
         Duerme.

Como mi corazón,
así tú,
espejo mío.
Jardín donde el amor
me espera.

Duérmete sin cuidado,
pero despierta,
cuando se muera el último
beso de mis labios.

AIRE

El aire,
preñado de arcos iris,
rompe sus espejos
sobre la fronda.

CONFUSIÓN

Mi corazón
¿es tu corazón?
¿Quién me refleja pensamientos?
¿Quién me presta
esta pasión
sin raíces?
¿Por qué cambia mi traje
de colores?
¡Todo es encrucijada!
¿Por qué ves en el cielo
tanta estrella?
¿Hermano, eres tú
o soy yo?
¿Y estas manos tan frías
son de aquél?
Me veo por los ocasos,
y un hormiguero de gente
anda por mi corazón.

REMANSO

El búho
deja su meditación,
limpia sus gafas
y suspira.
Una luciérnaga
rueda monte abajo,
y una estrella
se corre.
El búho bate sus alas
y sigue meditando.

El jardín de las morenas
Fragmentos

PÓRTICO

El agua
toca su tambor
de plata.

Los árboles
tejen el viento
y las rosas lo tiñen
de perfume.

Una araña
inmensa
hace a la luna
estrella.

ACACIA

¿Quién segó el tallo
de la luna?
(Nos dejó raíces
de agua.)
¡Qué fácil nos sería cortar las flores
de la eterna acacia!

ENCUENTRO

María del Reposo,
te vuelvo a encontrar
junto a la fuentefría
del limonar.
¡Viva la rosa en su rosal!

María del Reposo,
te vuelvo a encontrar,
los cabellos de niebla
y ojos de cristal.
¡Viva la rosa en su rosal!

María del Reposo,
te vuelvo a encontrar.
Aquel guante de luna que olvidé,
¿dónde está?
¡Viva la rosa en su rosal!

LIMONAR

Limonar.
Momento
de mi sueño.

Limonar.
Nido
de senos
amarillos.

Limonar.
Senos donde maman
las brisas del mar.

Limonar.
Naranjal desfallecido,
naranjal moribundo,
naranjal sin sangre.

Limonar.
Tú viste mi amor roto
por el hacha de un gesto.

Limonar,
mi amor niño, mi amor
sin báculo y sin rosa.

Limonar.

Noche
Suite para piano y voz emocionada

RASGOS

Aquel camino
sin gente.
Aquel camino.

Aquel grillo
sin hogar.
Aquel grillo.

Y esta esquila
que se duerme.
Esta esquila...

PRELUDIO

El buey
cierra sus ojos
lentamente...
(Calor de establo.)

Éste es el preludio
de la noche.

RINCÓN DEL CIELO

La estrella
vieja
cierra sus ojos turbios.

La estrella
nueva
quiere azular
la sombra.

(En los pinos del monte
hay luciérnagas.)

TOTAL

La mano de la brisa
acaricia la cara del espacio
una vez
y otra vez.
Las estrellas entornan
sus párpados azules
una vez
y otra vez.

UN LUCERO

Hay un lucero quieto,
un lucero sin párpados.
– ¿Dónde?
– Un lucero...
En el agua dormida
del estanque.

FRANJA

El camino de Santiago.
(Oh noche de mi amor,
cuando estaba la pájara pinta
pinta
pinta
en la flor del limón.)

UNA

Aquella estrella romántica
(para las magnolias,
para las rosas).

Aquella estrella romántica
se ha vuelto loca.

Balalín,
balalán.

(Canta, ranita,
en tu choza
de sombra.)

MADRE

La osa mayor
da teta a sus estrellas
panza arriba.
Gruñe
y gruñe.

¡Estrellas niñas, huid;
estrellitas tiernas!

RECUERDO

Doña Luna no ha salido.
Está jugando a la rueda
y ella misma se hace burla.
Luna lunera.

HOSPICIO

Y las estrellas pobres,
las que no tienen luz,

¡qué dolor,
qué dolor,
qué pena!,

están abandonadas
sobre un azul borroso.

¡Qué dolor,
qué dolor,
qué pena!

COMETA

En Sirio
hay niños.

VENUS

Ábrete, sésamo
del día.
Ciérrate, sésamo
de la noche.

ABAJO

El espacio estrellado
se refleja en sonidos.
Lianas espectrales.
Arpa laberíntica.

LA GRAN TRISTEZA

No puedes contemplarte
en el mar.
Tus miradas se tronchan
como tallos de luz.
Noche de la tierra.

Tres estampas del cielo

Dedicadas a la señorita
Argimira López,
que no me quiso

I

Las estrellas
no tienen novio.

¡Tan bonitas
como son las estrellas!

Aguardan un galán
que las remonte
a su ideal Venecia.

Todas las noches salen a las rejas
–¡oh cielo de mil pisos!–
y hacen líricas señas
a los mares de sombra
que las rodean.

Pero aguardar, muchachas,
que cuando yo me muera
os raptaré una a una
en mi jaca de niebla.

II
GALÁN

En todo el cielo
hay un estrello.

Romántico y loco.
Con frac
de polvo
de oro.

¡Pero busca un espejo
para mirar su cuerpo!

¡Oh Narciso de plata
en lo alto del agua!

En todo el cielo
hay un estrello.

III
VENUS

Efectivamente
tienes dos grandes senos
y un collar de perlas
en el cuello.
Un infante de bruma
te sostiene el espejo.

Aunque estás muy lejana,
yo te veo
llevar la mano de iris
a tu sexo,
y arreglar indolente
el almohadón del cielo.

¡Te miramos con lupa,
yo y el Renacimiento!

Historietas del viento

I

El viento venía rojo
por el collado encendido
y se ha puesto verde, verde
por el río.
Luego se pondrá violeta,
amarillo y...
será sobre los sembrados
un arco iris tendido.

II

Viento estancado.
Arriba el sol.
Abajo
las algas temblorosas
de los álamos.
Y mi corazón
temblando.
Viento estancado
a las cinco de la tarde
sin pájaros.

III

La brisa
es ondulada
como los cabellos
de algunas muchachas.

Como los marecitos
de algunas viejas tablas.
La brisa
brota como el agua,
y se derrama
—tenue bálsamo blanco—
por las cañadas,
y se desmaya
al chocar con lo duro
de la montaña.

IV
ESCUELA

Maestro
¿Qué doncella se casa
con el viento?

Niño
La doncella de todos
los deseos.

Maestro
¿Qué le regala
el viento?

Niño
Remolinos de oro
y mapas superpuestos.

Maestro
¿Ella le ofrece algo?

Niño
Su corazón abierto.

Maestro
Decid cómo se llama.

Niño
Su nombre es un secreto.

    (La ventana
    del colegio
    tiene una cortina
    de luceros.)

El regreso

    Yo vuelvo
    por mis alas.

¡Dejadme volver!

¡Quiero morirme siendo
amanecer!

¡Quiero morirme siendo
ayer!

    Yo vuelvo
    por mis alas.

¡Dejadme retornar!

Quiero morirme siendo
manantial.

Quiero morirme fuera
de la mar.

CORRIENTE

El que camina
se enturbia.

El agua corriente
no ve las estrellas.

El que camina
se olvida.

Y el que se para
sueña.

HACIA...

Vuelve,
¡corazón!,
vuelve.

Por las selvas del amor
no verás gentes.
Tendrás claros manantiales.
En lo verde,
hallarás la rosa inmensa
del siempre.

Y dirás: ¡Amor!, ¡amor!,
sin que tu herida
se cierre.

    Vuelve,
    ¡corazón mío!,
    vuelve.

RECODO

Quiero volver a la infancia
y de la infancia a la sombra.

    ¿Te vas, ruiseñor?
    Vete.

Quiero volver a la sombra
y de la sombra a la flor.

    ¿Te vas, aroma?
    ¡Vete!

Quiero volver a la flor
y de la flor
a mi corazón.

    ¿Te vas, amor?
    ¡Adiós!

(¡A mi desierto corazón!)

DESPEDIDA

Me despediré
en la encrucijada
para entrar en el camino
de mi alma.

Despertando recuerdos
y horas malas
llegaré al huertecillo
de mi canción blanca
y me echaré a temblar como
la estrella de la mañana.

RÁFAGA

Pasaba mi niña,
¡qué bonita iba!,
con su vestidito
de muselina
y una mariposa
prendida.

¡Síguela, muchacho,
la vereda arriba!
Y si ves que llora
o medita,
píntale el corazón
con purpurina
y dile que no llore
si queda solita.

La selva de los relojes

Entré en la selva
de los relojes.

Frondas de tic-tac,
racimos de campanas
y bajo la hora múltiple,
constelaciones de péndulos.

Los lirios negros
de las horas muertas,
los lirios negros
de las horas niñas.
¡Todo igual!
¿Y el oro del amor?

Hay una hora tan sólo.
¡Una hora tan sólo!
¡La hora fría!

MALEZA

Me interné
por la hora mortal.
Hora de agonizante
y de últimos besos.
Grave hora en que sueñan
las campanas cautivas.

Relojes de cuco,
sin cuco.

Estrella mohosa
y enormes mariposas
pálidas.

Entre el boscaje
de suspiros
el aristón
sonaba
que tenía cuando niño.

¡Por aquí has de pasar,
corazón!
¡Por aquí,
corazón!

VISTA GENERAL

Toda la selva turbia
es una inmensa araña
que teje una red sonora
a la esperanza.
¡A la pobre virgen blanca
que se cría con suspiros y miradas!

ÉL

La verdadera esfinge
es el reloj.
Edipo nacerá de una pupila.
Limita al Norte
con el espejo

y al Sur
con el gato.
Doña Luna es una Venus.
(Esfera sin sabor.)
Los relojes nos traen
los inviernos.
(Golondrinas hieráticas
emigran el verano.)
La madrugada tiene
un pleamar de relojes
donde se ahoga el sueño.
Los murciélagos nacen
de las esferas
y el becerro los estudia
preocupado.
¿Cuándo será el crepúsculo
de todos los relojes?
¿Cuándo esas lunas blancas
se hundirán por los montes?

ECO DEL RELOJ

Me senté
en un claro del tiempo.
Era un remanso de silencio,
de un blanco
silencio.

Anillo formidable
donde los luceros
chocaban con los doce flotantes
números negros.

MEDITACIÓN PRIMERA Y ÚLTIMA

El Tiempo
tiene color de noche.
De una noche quieta.
Sobre lunas enormes,
la Eternidad
está fija en las doce.
Y el Tiempo se ha dormido
para siempre en su torre.
Nos engañan
todos los relojes.
El Tiempo tiene ya
horizontes.

LA HORA ESFINGE

En tu jardín se abren
las estrellas malditas.
Nacemos bajo tus cuernos
y morimos.
¡Hora fría!
Pones un techo de piedra
a las mariposas líricas
y, sentada en el azul,
cortas alas
y límites.

[UNA... DOS... Y TRES]

Una... dos... y tres.
Sonó la hora en la selva.

El silencio
se llenó de burbujas
y un péndulo de oro
llevaba y traía
mi cara por el aire.
¡Sonó la hora en la selva!
Los relojes de bolsillo,
como bandadas de moscas,
iban y venían.

En mi corazón sonaba
el reloj sobredorado
de mi abuelita.

Suite del agua

PAÍS

En el agua negra,
árboles yacentes,
margaritas
y amapolas.

Por el camino muerto
van tres bueyes.
Por el aire,
el ruiseñor,
corazón del árbol.

TEMBLOR

En mi memoria turbia
con un recuerdo de plata,
piedra de rocío.

En el campo sin monte,
una laguna clara,
manantial apagado.

ACACIA

¿Quién segó el tallo
de la luna?

(Nos dejó raíces
de agua.)
¡Qué fácil nos sería cortar las flores
de la eterna acacia!

CURVA

Con un lirio en la mano
te dejo.
¡Amor de mi noche!
Y viudita de mi astro
te encuentro.

Domador de sombrías
mariposas,
sigo por mi camino.

Al cabo de mil años
me verás.
¡Amor de mi noche!
Por la vereda azul,
domador de sombrías
estrellas,
seguiré mi camino.
Hasta que el Universo
quepa en mi corazón.

COLMENA

¡Vivimos en celdas
de cristal,
en colmena de aire!
Nos besamos a través
de cristal.
¡Maravillosa cárcel,
cuya puerta
es la luna!

Cruz

NORTE

Las estrellas frías
sobre los caminos.
Hay quien va y quien viene
por selvas de humo.
Las cabañas suspiran

bajo la aurora perpetua.
¡En el golpe
del hacha
valles y bosques tienen
un temblor de cisterna!
¡En el golpe
del hacha!

SUR

Sur,
espejismo,
reflejo.
Da lo mismo decir
estrella que naranja,
cauce que cielo.

¡Oh la flecha,
la flecha!
El Sur
es eso:
una flecha de oro,
¡sin blanco! sobre el viento.

ESTE

Escala de aroma
que baja
al Sur
(por grados conjuntos).

OESTE

Escala de luna
que asciende
al Norte
(cromática).

Herbarios

LIBRO

I

El viajante de jardines
lleva un herbario.
Con su tomo de olor, gira.

Por las noches vienen a sus ramas
las almas de los viejos pájaros.

Cantan en ese bosque comprimido
que requiere las fuentes del llanto.

Como las naricillas de los niños
aplastadas en el cristal opaco,
así las flores de este libro
sobre el cristal invisible de los años.

El viajante de jardines,
abre el libro llorando
y los olores errabundos
se desmayan sobre el herbario.

II

El viajante del tiempo
trae el herbario de los sueños.

Yo
¿Dónde está el herbario?

El viajante
Lo tienes en tus manos.

Yo
Tengo libres los diez dedos.

El viajante
Los sueños bailan en tus cabellos.

Yo
¿Cuántos siglos han pasado?

El viajante
Una sola hoja
tiene mi herbario.

Yo
¿Voy al alba
o a la tarde?

El viajante
El pasado
está inhabitable.

Yo
¡Oh jardín de la amarga fruta!

El viajante
¡Peor es el herbario de la luna!

III

En mucho secreto, un amigo
me enseña el herbario de los ruidos.

(¡Chisss... silencio!
La noche cuelga del cielo.)
A la luz de un puerto perdido
vienen los ecos de todos los siglos.

(¡Chisss... silencio!
¡La noche oscila con el viento!)
(¡Chisss... silencio!
Viejas iras se enroscan en mis dedos.)

Canciones

1921-1924

A Pedro Salinas, Jorge Guillén y
Melchorito Fernández Almagro

TEORÍAS

Canción de las siete doncellas
Teoría del arco iris

Cantan las siete
doncellas.

(Sobre el cielo un arco
de ejemplos de ocaso.)

Alma con siete voces
las siete doncellas.

(En el aire blanco,
siete largos pájaros.)

Mueren las siete
doncellas.

(¿Por qué no han sido nueve?
¿Por qué no han sido veinte?)

El río las trae.
Nadie puede verlas.

Nocturno esquemático

Hinojo, serpiente y junco.

Aroma, rastro y penumbra.

Aire, tierra y soledad.

(La escala llega a la luna.)

La canción del colegial

Sábado.
Puerta de jardín.

Domingo.
Día gris.
Gris.

Sábado.
Arcos azules.
Brisa.

Domingo.
Mar con orillas.
Metas.

Sábado.
Semilla,
estremecida.

Domingo.
(Nuestro amor se pone,
amarillo.)

* * *

El canto quiere ser luz.
En lo oscuro el canto tiene,
hilos de fósforo y luna.
La luz no sabe qué quiere.
En sus límites de ópalo,
se encuentra ella misma,
y vuelve.

Tiovivo

A José Bergamín

Los días de fiesta
van sobre ruedas.
El tiovivo los trae,
y los lleva.

Corpus azul.
Blanca Nochebuena.

Los días, abandonan
su piel, como las culebras,
con la sola excepción
de los días de fiesta.

Éstos son los mismos
de nuestras madres viejas.
Sus tardes son largas colas
de moaré y lentejuelas.

Corpus azul.
Blanca Nochebuena.

El tiovivo gira
colgado de una estrella.
Tulipán de las cinco
partes de la tierra.

Sobre caballitos
disfrazados de panteras
los niños se comen la luna
como si fuera una cereza.

¡Rabia, rabia, Marco Polo!
Sobre una fantástica rueda,
los niños ven lontananzas
desconocidas de la tierra.

Corpus azul.
Blanca Nochebuena.

Balanza

La noche quieta siempre.
El día va y viene.

La noche muerta y alta.
El día con un ala.

La noche sobre espejos
y el día bajo el viento.

Canción con movimiento

Ayer.

(Estrellas
azules.)

Mañana.

(Estrellitas
blancas.)

Hoy.

(Sueño flor adormecida
en el valle de la enagua.)

Ayer.

(Estrellas
de fuego.)

Mañana.

(Estrellas
moradas.)

Hoy.

(Este corazón, ¡Dios mío!
¡Este corazón que salta!)

Ayer.

(Memoria
de estrellas.)

Mañana.

(Estrellas cerradas.)

Hoy...

(¡Mañana!)

¿Me marearé quizá
sobre la barca?

¡Oh los puentes del Hoy
en el camino de agua!

Refrán

Marzo
pasa volando.

Y Enero sigue tan alto.

Enero,
sigue en la noche del cielo.

Y abajo Marzo es un momento.

Enero.
Para mis ojos viejos.

Marzo.
Para mis frescas manos.

Friso

A Gustavo Durán

Tierra	*Cielo*
Las niñas de la brisa	Los mancebos del aire
van con sus largas colas.	saltan sobre la luna.

Cazador

¡Alto pinar!
Cuatro palomas por el aire van.

Cuatro palomas
vuelan y tornan.

Llevan heridas
sus cuatro sombras.

¡Bajo pinar!
Cuatro palomas en la tierra están.

Fábula

Unicornios y cíclopes.

Cuernos de oro
y ojos verdes.

Sobre el acantilado,
en tropel gigantesco
ilustran el azogue
sin cristal, del mar.

Unicornios y cíclopes.

Una pupila
y una potencia.

¿Quién duda la eficacia
terrible de esos cuernos?

¡Oculta tus blancos,
Naturaleza!

* * *

Agosto,
contraponientes
de melocotón y azúcar,
y el sol dentro de la tarde,
como el hueso en una fruta.

La panocha guarda intacta,
su risa amarilla y dura.

Agosto.
Los niños comen
pan moreno y rica luna.

Arlequín

Teta roja del sol.
Teta azul de la luna.

Torso mitad coral,
mitad plata y penumbra.

Cortaron tres árboles

A Ernesto Halffter

Eran tres.

(Vino el día con sus hachas.)

Eran dos.

(Alas rastreras de plata.)

Era uno.

Era ninguno.

(Se quedó desnuda el agua.)

NOCTURNOS DE LA VENTANA

A la memoria de José de Ciria y Escalante.
Poeta

I

Alta va la luna.
Bajo corre el viento.

(Mis largas miradas,
exploran el cielo.)

Luna sobre el agua.
Luna bajo el viento.

(Mis cortas miradas
exploran el suelo.)

Las voces de dos niñas
venían. Sin esfuerzo,
de la luna del agua,
me fui a la del cielo.

2

Un brazo de la noche
entra por mi ventana.

Un gran brazo moreno
con pulseras de agua.

Sobre un cristal azul
jugaba al río mi alma.

Los instantes heridos
por el reloj... pasaban.

3

Asomo la cabeza
por mi ventana, y veo
cómo quiere cortarla
la cuchilla del viento.

En esta guillotina
invisible, yo he puesto

las cabezas sin ojos
de todos mis deseos.

Y un olor de limón
llenó el instante inmenso,
mientras se convertía
en flor de gasa el viento.

4

Al estanque se le ha muerto
hoy una niña de agua.
Está fuera del estanque,
sobre el suelo amortajada.

De la cabeza a sus muslos
un pez la cruza, llamándola.
El viento le dice «niña»
mas no puede despertarla.

El estanque tiene suelta
su cabellera de algas
y al aire sus grises tetas
estremecidas de ranas.

«Dios te salve» rezaremos
a Nuestra Señora de Agua
por la niña del estanque
muerta bajo las manzanas.

Yo luego pondré a su lado
dos pequeñas calabazas
para que se tenga a flote,
¡ay! sobre la mar salada.

Residencia de Estudiantes, 1923

CANCIONES PARA NIÑOS

A la maravillosa niña Colomba Morla Vicuña,
dormida piadosamente el día 12 de Agosto de 1928

Canción china en Europa

A mi ahijada Isabel Clara

La señorita
del abanico,
va por el puente
del fresco río.

Los caballeros
con sus levitas,
miran el puente
sin barandillas.

La señorita
del abanico
y los volantes,
busca marido.

Los caballeros
están casados,
con altas rubias
de idioma blanco.

Los grillos cantan
por el Oeste.

(La señorita,
va por lo verde.)

Los grillos cantan
bajo las flores.

(Los caballeros,
van por el Norte.)

Cancioncilla sevillana

A Solita Salinas

Amanecía,
en el naranjel.
Abejitas de oro
buscaban la miel.

¿Dónde estará
la miel?

Está en la flor azul,
Isabel.
En la flor,
   del romero aquel.

(Sillita de oro
para el moro.
Silla de oropel
para su mujer.)

Amanecía,
en el naranjel.

Caracola

A Natalita Jiménez

2

Me han traído una caracola.

Dentro le canta
un mar de mapa.
Mi corazón
se llena de agua
con pececillos
de sombra y plata.

Me han traído una caracola.

*   *   *

A Mademoiselle Teresita Guillén
tocando su piano de seis notas

El lagarto está llorando.
La lagarta está llorando.

El lagarto y la lagarta
con delantaritos blancos.

Han perdido sin querer
su anillo de desposados.

¡Ay, su anillito de plomo,
ay, su anillito plomado!

Un cielo grande y sin gente
monta en su globo a los pájaros.

El sol, capitán redondo,
lleva un chaleco de raso.

¡Miradlos qué viejos son!
¡Qué viejos son los lagartos!

¡Ay cómo lloran y lloran,
¡ay! ¡ay! cómo están llorando!

Canción cantada

En el gris,
el pájaro Grifón
se vestía de gris.
Y la niña Kikirikí
perdía su blancor
y forma allí.

Para entrar en el gris
me pinté de gris.
¡Y cómo relumbraba
en el gris!

Paisaje

*A Rita, Concha, Pepe
y Carmencica*

La tarde equivocada
se vistió de frío.

Detrás de los cristales
turbios, todos los niños,
ven convertirse en pájaros
un árbol amarillo.

La tarde está tendida
a lo largo del río.
Y un rubor de manzana
tiembla en los tejadillos.

Canción tonta

Mamá.
Yo quiero ser de plata.

Hijo,
tendrás mucho frío.

Mamá.
Yo quiero ser de agua.

Hijo,
tendrás mucho frío.

Mamá.
Bórdame en tu almohada.

¡Eso sí!
¡Ahora mismo!

ANDALUZAS

*A Miguel Pizarro (en la irregularidad
simétrica del Japón)*

Canción de jinete

1860

En la luna negra
de los bandoleros,
cantan las espuelas.

Caballito negro.
¿Dónde llevas tu jinete muerto?

... Las duras espuelas
del bandido inmóvil
que perdió las riendas.

Caballito frío.
¡Qué perfume de flor de cuchillo!

En la luna negra,
sangraba el costado
de Sierra Morena.

Caballito negro.
¿Dónde llevas tu jinete muerto?

La noche espolea
sus negros ijares
clavándose estrellas.

Caballito frío.
¡Qué perfume de flor de cuchillo!

En la luna negra,
¡un grito! y el cuerno
largo de la hoguera.

Caballito negro.
¿Dónde llevas tu jinete muerto?

Adelina de paseo

La mar no tiene naranjas,
ni Sevilla tiene amor.
Morena, qué luz de fuego.
Préstame tu quitasol.

Me pondrá la cara verde
–zumo de lima y limón–.
Tus palabras –pececillos–
nadarán alrededor.

La mar no tiene naranjas.
Ay amor.
¡Ni Sevilla tiene amor!

* * *

Zarzamora con el tronco gris,
dame un racimo para mí.

Sangre y espinas. Acercaté.
Si tú me quieres, yo te querré.
Deja tu fruto de verde y sombra
sobre mi lengua, zarzamora.

Qué largo abrazo te daría
en la penumbra de mis espinas.

Zarzamora, ¿dónde vas?
A buscar amores que tú no me das.

* * *

Mi niña se fue a la mar,
a contar olas y chinas,
pero se encontró, de pronto,
con el río de Sevilla.

Entre adelfas y campanas
cinco barcos se mecían,
con los remos en el agua
y las velas en la brisa.

¿Quién mira dentro la torre
enjaezada, de Sevilla?
Cinco voces contestaban
redondas como sortijas.

El cielo monta gallardo
al río, de orilla a orilla.
En el aire sonrosado,
cinco anillos se mecían.

Tarde

¿Estaba mi Lucía con
los pies en el arroyo?

Tres álamos inmensos
y una estrella.

El silencio mordido
por las ranas, semeja
una gasa pintada
con lunaritos verdes.

En el río,
un árbol seco,
ha florecido en círculos
concéntricos.

Y he soñado sobre las aguas,
a la morenita de Granada.

Canción de jinete

Córdoba.
Lejana y sola.

Jaca negra, luna grande,
y aceitunas en mi alforja.
Aunque sepa los caminos
yo nunca llegaré a Córdoba.

Por el llano, por el viento,
jaca negra, luna roja.
La muerte me está mirando
desde las torres de Córdoba.

¡Ay qué camino tan largo!
¡Ay mi jaca valerosa!
¡Ay que la muerte me espera,
antes de llegar a Córdoba!

Córdoba.
Lejana y sola.

Es verdad

¡Ay qué trabajo me cuesta
quererte como te quiero!

Por tu amor me duele el aire,
el corazón
y el sombrero.

¿Quién me compraría a mí,
este cintillo que tengo
y esta tristeza de hilo
blanco, para hacer pañuelos?

¡Ay qué trabajo me cuesta
quererte como te quiero!

* * *

Arbolé arbolé
seco y verdé.

La niña del bello rostro
está cogiendo aceituna.
El viento, galán de torres,
la prende por la cintura.

Pasaron cuatro jinetes,
sobre jacas andaluzas
con trajes de azul y verde,
con largas capas oscuras.

«Vente a Córdoba, muchacha.»
La niña no los escucha.

Pasaron tres torerillos
delgaditos de cintura,
con trajes color naranja
y espadas de plata antigua.

«Vente a Sevilla, muchacha.»
La niña no los escucha.

Cuando la tarde se puso
morada, con luz difusa,
pasó un joven que llevaba
rosas y mirtos de luna.

«Vente a Granada, muchacha.»
Y la niña no lo escucha.

La niña del bello rostro
sigue cogiendo aceituna,
con el brazo gris del viento
ceñido por la cintura.

Arbolé, arbolé
seco y verdé.

*   *   *

Galán,
galancillo.
En tu casa queman tomillo.

Ni que vayas, ni que vengas,
con llave cierro la puerta.

Con llave de plata fina.
Atada con una cinta.

En la cinta hay un letrero:
Mi corazón está lejos.

No des vueltas en mi calle.
¡Déjasela toda al aire!

Galán,
galancillo.
En tu casa queman tomillo.

TRES RETRATOS CON SOMBRA

Verlaine

La canción,
que nunca diré,
se ha dormido en mis labios.
La canción,
que nunca diré.

Sobre las madreselvas
había una luciérnaga,
y la luna picaba
con un rayo en el agua.

Entonces yo soñé,
la canción,
que nunca diré.

Canción llena de labios
y de cauces lejanos.

Canción llena de horas
perdidas en la sombra.

Canción de estrella viva
sobre un perpetuo día.

BACO

Verde rumor intacto.
La higuera me tiende sus brazos.

Como una pantera, su sombra,
acecha mi lírica sombra.

La luna cuenta los perros.
Se equivoca y empieza de nuevo.

Ayer, mañana, negro y verde,
rondas mi cerco de laureles.

¿Quién te querría como yo,
si me cambiaras el corazón?

... Y la higuera me grita y avanza
terrible y multiplicada.

Juan Ramón Jiménez

En el blanco infinito,
nieve, nardo y salina,
perdió su fantasía.

El color blanco, anda,
sobre una muda alfombra
de plumas de paloma.

Sin ojos ni ademán,
inmóvil sufre un sueño.
Pero tiembla por dentro.

En el blanco infinito,
¡qué pura y larga herida
dejó su fantasía!

En el blanco infinito.
Nieve. Nardo. Salina.

VENUS

Así te vi

La joven muerta
en la concha de la cama,
desnuda de flor y brisa
surgía en la luz perenne.

Quedaba el mundo,
lirio de algodón y sombra,
asomado a los cristales
viendo el tránsito infinito.

La joven muerta,
surcaba el amor por dentro.
Entre la espuma de las sábanas
se perdía su cabellera.

Debussy

Mi sombra va silenciosa
por el agua de la acequia.

Por mi sombra están las ranas
privadas de las estrellas.

La sombra manda a mi cuerpo
reflejos de cosas quietas.

Mi sombra va como inmenso
cínife color violeta.

Cien grillos quieren dorar
la luz de la cañavera.

Una luz nace en mi pecho,
reflejado, de la acequia.

NARCISO

Niño.
¡Que te vas a caer al río!

    En lo hondo hay una rosa
    y en la rosa hay otro río.

¡Mira aquel pájaro! ¡Mira
aquel pájaro amarillo!

    Se me han caído los ojos
    dentro del agua.

¡Dios mío!
¡Que se resbala! ¡Muchacho!

    ... y en la rosa estoy yo mismo.

Cuando se perdió en el agua,
comprendí. Pero no explico.

JUEGOS

Dedicados a la cabeza de Luis Buñuel
En gros plan

Ribereñas
Con acompañamiento de campanas

Dicen que tienes cara

(Balalín)

de luna llena.

(Balalán)

Cuántas campanas ¿oyes?

(Balalín)

No me dejan.

(¡Balalán!)

Pero tus ojos... ¡Ah!

(balalín)

... perdona, tus ojeras...

(balalán)

y esa risa de oro

(balalín)

y esa... no puedo, esa...

(balalán)

Su duro miriñaque
las campanas golpean.
¡Oh, tu encanto secreto... tu...

(balalín
lín
lín
lín...)

Dispensa.

A Irene García
Criada

En el soto,
los alamillos bailan
uno con otro.
Y el arbolé,
con sus cuatro hojitas
baila también.

¡Irene!
Luego vendrán las lluvias

y las nieves.
Baila sobre lo verde.

Sobre lo verde verde,
que te acompaño yo.

¡Ay cómo corre el agua!
¡Ay mi corazón!

En el soto,
los alamillos bailan
uno con otro.
Y el arbolé,
con sus cuatro hojitas
baila también.

Al oído de una muchacha

No quise.
No quise decirte nada.

Vi en tus ojos
dos arbolitos locos.
De brisa, de risa y de oro.

Se meneaban.

No quise.
No quise decirte nada.

* * *

Las gentes iban
y el otoño venía.

Las gentes,
iban a lo verde.
Llevaban gallos
y guitarras alegres.
Por el reino
de las simientes.
El río soñaba,
corría la fuente.
¡Salta,
corazón caliente!

Las gentes,
iban a lo verde.

El otoño venía
amarillo de estrellas,
pájaros macilentos
y ondas concéntricas.
Sobre el pecho almidonado,
la cabeza.
¡Párate,
corazón de cera!

Las gentes iban
y el otoño venía.

Canción del mariquita

El mariquita se peina
con su peinador de seda.

Los vecinos se sonríen
en sus ventanas postreras.

El mariquita organiza
los bucles de su cabeza.

Por los patios gritan loros,
surtidores y planetas.

El mariquita se adorna
con un jazmín sinvergüenza.

La tarde se pone extraña
de peines y enredaderas.

El escándalo temblaba
rayado como una cebra.

¡Los mariquitas del Sur,
cantan en las azoteas!

Árbol de canción

Para Ana María Dalí

Caña de voz y gesto,
una vez y otra vez
tiembla sin esperanza
en el aire de ayer.

La niña suspirando
lo quería coger;
pero llegaba siempre
un minuto después.

¡Ay sol! ¡Ay luna, luna!
Un minuto después.
Sesenta flores grises
enredaban sus pies.

Mira cómo se mece
una vez y otra vez,
virgen de flor y rama,
en el aire de ayer.

*   *   *

Naranja y limón.

¡Ay la niña
del mal amor!

Limón y naranja.

¡Ay de la niña,
de la niña blanca!

Limón.

(Cómo brillaba
el sol.)

Naranja.

(En las chinas
de agua.)

La calle de los mudos

Detrás de las inmóviles vidrieras
las muchachas juegan con sus risas.

      (En los pianos vacíos,
      arañas titiriteras.)

Las muchachas hablan con sus novios
agitando sus trenzas apretadas.

      (Mundo del abanico,
      el pañuelo y la mano.)

Los galanes replican haciendo,
alas y flores con sus capas negras.

CANCIONES DE LUNA

A José F. Montesinos

La luna asoma

Cuando sale la luna
se pierden las campanas
y aparecen las sendas
impenetrables.

Cuando sale la luna,
el mar cubre la tierra
y el corazón se siente
isla en el infinito.

Nadie come naranjas
bajo la luna llena.
Es preciso comer,
fruta verde y helada.

Cuando sale la luna
de cien rostros iguales,
la moneda de plata
solloza en el bolsillo.

Dos lunas de tarde

1

A Laurita, amiga de mi hermana

La luna está muerta, muerta;
pero resucita en la primavera.

Cuando en la frente de los chopos
se rice el viento del Sur.

Cuando den nuestros corazones
su cosecha de suspiros.

Cuando se pongan los tejados
sus sombreritos de yerba.

La luna está muerta, muerta;
pero resucita en la primavera.

2

A Isabelita, mi hermana

La tarde canta
una *berceuse* a las naranjas.

Mi hermanita canta:
La tierra es una naranja.

La luna llorando dice:
Yo quiero ser una naranja.

No puede ser, hija mía,
aunque te pongas rosada.
Ni siquiera limoncito.
¡Qué lástima!

Lunes, miércoles y viernes

Yo era.

Yo fui.

Pero no soy.

Yo era...

(¡Oh fauce maravillosa
la del ciprés y su sombra!
Ángulo de luna llena.
Ángulo de luna sola.)

Yo fui...

La luna estaba de broma
diciendo que era una rosa.
(Con una capa de viento
mi amor se arrojó a las olas.)

Pero no soy...

(Ante una vidriera rota
coso mi lírica ropa.)

Murió al amanecer

Noche de cuatro lunas
y un solo árbol,
con una sola sombra
y un solo pájaro.

Busco en mi carne las
huellas de tus labios.
El manantial besa al viento
sin tocarlo.

Llevo el No que me diste,
en la palma de la mano,
como un limón de cera
casi blanco.

Noche de cuatro lunas
y un solo árbol.
En la punta de una aguja,
está mi amor ¡girando!

Primer aniversario

La niña va por mi frente.
¡Oh, qué antiguo sentimiento!

¿De qué me sirve, pregunto,
la tinta, el papel y el verso?

Carne tuya me parece,
rojo lirio, junco fresco.
Morena de luna llena.
¿Qué quieres de mi deseo?

Segundo aniversario

La luna clava en el mar
un largo cuerno de luz.

Unicornio gris y verde,
estremecido pero extático.

El cielo flota sobre el aire
como una inmensa flor de loto.

(¡Oh, tú sola paseando
la última estancia de la noche!)

Flor

A Colin Hackforth

El magnífico sauce
de la lluvia, caía.

¡Oh la luna redonda
sobre las ramas blancas!

EROS CON BASTÓN

1925

A Pepín Bello

Susto en el comedor

Eras rosa.
Te pusiste alimonada.

¿Qué intención viste en mi mano
que casi te amenazaba?

Quise las manzanas verdes.
No las manzanas rosadas...

alimonada...

(Grulla dormida la tarde,
puso en tierra la otra pata.)

Lucía Martínez

Lucía Martínez.
Umbría de seda roja.

Tus muslos como la tarde
van de la luz a la sombra.
Los azabaches recónditos

oscurecen tus magnolias.
Aquí estoy, Lucía Martínez.
Vengo a consumir tu boca
y arrastrarte del cabello
en madrugada de conchas.

Porque quiero, y porque puedo.
Umbría de seda roja.

La soltera en misa

Bajo el moisés del incienso,
adormecida.

Ojos de toro te miraban.
Tu rosario llovía.

Con ese traje de profunda seda,
no te muevas, Virginia.

Da los negros melones de tus pechos
al rumor de la misa.

Interior

Ni quiero ser poeta,
ni galante.
¡Sábanas blancas donde te desmayes!

No conoces el sueño
ni el resplandor del día.
Como los calamares,
ciegas desnuda en tinta de perfume.
Carmen.

«Nu»

Bajo la adelfa sin luna
estabas fea desnuda.

Tu carne buscó en mi mapa
el amarillo de España.

Qué fea estabas, francesa,
en lo amargo de la adelfa.

Roja y verde, eché a tu cuerpo
la capa de mi talento.

Verde y roja, roja y verde.
¡Aquí somos otra gente!

Serenata
Homenaje a Lope de Vega

Por las orillas del río
se está la noche mojando

y en los pechos de Lolita
se mueren de amor los ramos.

Se mueren de amor los ramos.

La noche canta desnuda
sobre los puentes de Marzo.
Lolita lava su cuerpo
con agua salobre y nardos.

Se mueren de amor los ramos.

La noche de anís y plata
relumbra por los tejados.
Plata de arroyos y espejos.
Anís de tus muslos blancos.

Se mueren de amor los ramos.

En Málaga

Suntuosa Leonarda.
Carne pontifical y traje blanco,
en las barandas de «Villa Leonarda».
Expuesta a los tranvías y a los barcos.

Negros torsos bañistas oscurecen
la ribera del mar. Oscilando
–concha y loto a la vez–
viene tu culo
de Ceres en retórica de mármol.

TRASMUNDO

A Manuel Ángeles Ortiz

Escena

Altas torres.
Largos ríos.

Hada
Toma el anillo de bodas
que llevaron tus abuelos.
Cien manos, bajo la tierra,
lo están echando de menos.

Yo
Voy a sentir en mis manos
una inmensa flor de dedos
y el símbolo del anillo.
No lo quiero.

Altas torres.
Largos ríos.

Malestar y noche

Abejaruco.
En tus árboles oscuros.
Noche de cielo balbuciente
y aire tartamudo.

Tres borrachos eternizan
sus gestos de vino y luto.
Los astros de plomo giran
sobre un pie.
           Abejaruco.
En tus árboles oscuros.

Dolor de sien oprimida
con guirnalda de minutos.
¿Y tu silencio? Los tres
borrachos cantan desnudos.
Pespunte de seda virgen
tu canción.
           Abejaruco.
Uco uco uco uco.
           Abejaruco.

El niño mudo

El niño busca su voz.
(La tenía el rey de los grillos.)
En una gota de agua
buscaba su voz el niño.

No la quiero para hablar;
me haré con ella un anillo
que llevará mi silencio
en su dedo pequeñito.

En una gota de agua
buscaba su voz el niño.

(La voz cautiva, a lo lejos,
se ponía un traje de grillo.)

El niño loco

Yo decía: «Tarde».
Pero no era así.
La tarde era otra cosa
que ya se había marchado.

(Y la luz encogía
sus hombros como una niña.)

«Tarde.» ¡Pero es inútil!
Ésta es falsa, ésta tiene
media luna de plomo.
La otra no vendrá nunca.

(Y la luz como la ven todos,
jugaba a la estatua con el niño loco.)

Aquélla era pequeña

y comía granadas.
Ésta es grandota y verde, yo no puedo
tomarla en brazos ni vestirla.
¿No vendrá? ¿Cómo era?

(Y la luz que se iba, dio una broma.
Separó al niño loco de su sombra.)

Desposorio

Tirad ese anillo
al agua.

(La sombra apoya sus dedos
sobre mi espalda.)

Tirad ese anillo. Tengo
más de cien años. ¡Silencio!

¡No preguntadme nada!

Tirad ese anillo
al agua.

Despedida

Si muero,
dejad el balcón abierto.

El niño come naranjas.
(Desde mi balcón lo veo.)

El segador siega el trigo.
(Desde mi balcón lo siento.)

¡Si muero,
dejad el balcón abierto!

Suicidio

Quizás fue por no saberte la geometría.

El jovencillo se olvidaba.
Eran las diez de la mañana.

Su corazón se iba llenando,
de alas rotas y flores de trapo.

Notó que ya no le quedaba,
en la boca más que una palabra.

Y al quitarse los guantes, caía,
de sus manos, suave ceniza.

Por el balcón se veía una torre.
Él se sintió balcón y torre.

Vio, sin duda, cómo le miraba
el reloj detenido en su caja.

Vio su sombra tendida y quieta,
en el blanco diván de seda.

Y el joven rígido, geométrico,
con un hacha rompió el espejo.

Al romperlo, un gran chorro de sombra,
inundó la quimérica alcoba.

AMOR
Con alas y flechas

Cancioncilla del primer deseo

En la mañana verde,
quería ser corazón.
Corazón.

Y en la tarde madura
quería ser ruiseñor.
Ruiseñor.

(Alma,
ponte color naranja.
Alma,
ponte color de amor.)

En la mañana viva,
yo quería ser yo.
Corazón.

Y en la tarde caída
quería ser mi voz.
Ruiseñor.

¡Alma,
ponte color naranja!
¡Alma,
ponte color de amor!

En el instituto y en la universidad

La primera vez
no te conocí.
La segunda, sí.

Dime
si el aire te lo dice.

Mañanita fría
yo me puse triste,
y luego me entraron
ganas de reírme.

No te conocía.
Sí me conociste.
Sí te conocía.
No me conociste.

Ahora entre los dos
se alarga impasible,
un mes, como un
biombo de días grises.

La primera vez
no te conocí.
La segunda, sí.

Madrigalillo

Cuatro granados
tiene tu huerto.

(Toma mi corazón
nuevo.)

Cuatro cipreses
tendrá tu huerto.

(Toma mi corazón
viejo.)

Sol y luna.
Luego…
¡ni corazón,
ni huerto!

Eco

Ya se ha abierto
la flor de la aurora.

(¿Recuerdas,
el fondo de la tarde?)

El nardo de la luna
derrama su olor frío.

(¿Recuerdas
la mirada de Agosto?)

Idilio

A Enrique Durán

Tú querías que yo te dijera
el secreto de la primavera.
Y yo soy para el secreto
lo mismo que es el abeto.

Árbol cuyos mil deditos
señalan mil caminitos.

Nunca te diré, amor mío,
por qué corre lento el río.

Pero pondré en mi voz estancada
el cielo ceniza de tu mirada.

¡Dame vueltas, morenita!
Ten cuidado con mis hojitas.

Dame más vueltas alrededor,
jugando a la noria del amor.

¡Ay! No puedo decirte, aunque quisiera,
el secreto de la primavera.

* * *

Narciso.
Tu olor.
Y el fondo del río.

Quiero quedarme a tu vera.
Flor del amor.
Narciso.

Por tus blancos ojos cruzan
ondas y peces dormidos.
Pájaros y mariposas
japonizan en los míos.

Tú diminuto y yo grande.
Flor del amor.
Narciso.

Las ranas, ¡qué listas son!
Pero no dejan tranquilo

el espejo en que se miran
tu delirio y mi delirio.

Narciso.
Mi dolor.
Y mi dolor mismo.

Granada y 1850

Desde mi cuarto
oigo el surtidor.

Un dedo de la parra
y un rayo de sol,
señalan hacia el sitio
de mi corazón.

Por el aire de Agosto
se van las nubes. Yo,
sueño que no sueño
dentro del surtidor.

Preludio

Las alamedas se van,
pero dejan su reflejo.
Las alamedas se van,
pero nos dejan el viento.

El viento está amortajado,
a lo largo bajo el cielo.

Pero ha dejado flotando
sobre los ríos, sus ecos.

El mundo de las luciérnagas
ha invadido mis recuerdos.

Y un corazón diminuto
me va brotando en los dedos.

*   *   *

Sobre el cielo verde,
un lucero verde
¿qué ha de hacer, amor,
¡ay! sino perderse?

Las torres fundidas
con la niebla fría,
¿cómo han de mirarnos
con sus ventanitas?

Cien luceros verdes
sobre un cielo verde,
no ven a cien torres
blancas, en la nieve.

Y esta angustia mía
para hacerla viva,
he de decorarla
con rojas sonrisas.

Soneto

Largo espectro de plata conmovida
el viento de la noche suspirando,
abrió con mano gris mi vieja herida
y se alejó: yo estaba deseando.

Llaga de amor que me dará la vida
perpetua sangre y pura luz brotando.
Grieta en que Filomela enmudecida
tendrá bosque, dolor y nido blando.

¡Ay qué dulce rumor en mi cabeza!
Me tenderé junto a la flor sencilla
donde flota sin alma tu belleza.

Y el agua errante se pondrá amarilla,
mientras corre mi sangre en la maleza
mojada y olorosa de la orilla.

CANCIONES PARA TERMINAR

A Rafael Alberti

De otro modo

La hoguera pone al campo de la tarde,
unas astas de ciervo enfurecido.
Todo el valle se tiende. Por sus lomos,
caracolea el vientecillo.

El aire cristaliza bajo el humo.
—Ojo de gato triste y amarillo—.
Yo en mis ojos, paseo por las ramas.
Las ramas se pasean por el río.

Llegan mis cosas esenciales.
Son estribillos de estribillos.
Entre los juncos y la baja tarde,
¡qué raro que me llame Federico!

Canción de Noviembre y Abril

El cielo nublado
pone mis ojos blancos.

Yo, para darles vida,
les acerco una flor
amarilla.

No consigo turbarlos.
Siguen yertos y blancos.

(Entre mis hombros vuela
mi alma dorada y plena.)

El cielo de Abril
pone mis ojos de añil.

Yo, para darles alma,
les acerco una rosa
blanca.

No consigo infundir
lo blanco en el añil.

(Entre mis hombros vuela
mi alma impasible y ciega.)

*　*　*

Agua, ¿dónde vas?
Riyendo voy por el río
a las orillas del mar.

Mar, ¿adónde vas?

Río arriba voy buscando
fuente donde descansar.

Chopo, y tú ¿qué harás?

No quiero decirte nada.
Yo... ¡temblar!

¿Qué deseo, qué no deseo,
por el río y por la mar?

(Cuatro pájaros sin rumbo
en el alto chopo están.)

El espejo engañoso

Verde rama exenta
de ritmo y de pájaro.

Eco de sollozo
sin dolor ni labio.
Hombre y Bosque.

Lloro
frente al mar amargo.
¡Hay en mis pupilas
dos mares cantando!

Canción inútil

Rosa futura y vena contenida,
amatista de ayer y brisa de ahora mismo,
¡quiero olvidarlas!

Hombre y pez en sus medios, bajo cosas flotantes,
esperando en el alga o en la silla su noche,
¡quiero olvidarlas!

Yo.
¡Sólo yo!
Labrando la bandeja
donde no irá mi cabeza.
¡Sólo yo!

Huerto de Marzo

Mi manzano,
tiene ya sombra y pájaros.

¡Qué brinco da mi sueño
de la luna al viento!

Mi manzano,
da a lo verde sus brazos.

¡Desde Marzo, cómo veo
la frente blanca de Enero!

Mi manzano...
(viento bajo).

Mi manzano...
(cielo alto).

Dos marinos en la orilla

A Joaquín Amigo

1.º

Se trajo en el corazón
un pez del Mar de la China.
A veces se ve cruzar
diminuto por sus ojos.

Olvida siendo marino
los bares y las naranjas.

Mira al agua.

2.º

Tenía la lengua de jabón.
Lavó sus palabras y se calló.

Mundo plano, mar rizado,
cien estrellas y su barco.

Vio los balcones del Papa
y los pechos dorados de las cubanas.

Mira al agua.

Ansia de estatua

Rumor.
Aunque no quede más que el rumor.

Aroma.
Aunque no quede más que el aroma.

Pero arranca de mí el recuerdo
y el color de las viejas horas.

Dolor.
Frente al mágico y vivo dolor.

Batalla.
En la auténtica y sucia batalla.

¡Pero quita la gente invisible
que rodea perenne mi casa!

Canción del naranjo seco

A Carmen Morales

Leñador.
Córtame la sombra.
Líbrame del suplicio
de verme sin toronjas.

¿Por qué nací entre espejos?
El día me da vueltas.

Y la noche me copia
en todas sus estrellas.

Quiero vivir sin verme.
Y hormigas y vilanos,
soñaré que son mis
hojas y mis pájaros.

Leñador.
Córtame la sombra.
Líbrame del suplicio
de verme sin toronjas.

Canción del día que se va

¡Qué trabajo me cuesta
dejarte marchar, día!
Te vas lleno de mí,
vuelves sin conocerme.
¡Qué trabajo me cuesta
dejar sobre tu pecho
posibles realidades
de imposibles minutos!

En la tarde, un Perseo
te lima las cadenas,
y huyes sobre los montes
hiriéndote los pies.
No pueden seducirte
mi carne ni mi llanto,

ni los ríos en donde
duermes tu siesta de oro.

Desde Oriente a Occidente
llevo tu luz redonda.
Tu gran luz que sostiene
mi alma, en tensión aguda.
Desde Oriente a Occidente,
¡qué trabajo me cuesta
llevarte con tus pájaros
y tus brazos de viento!

Índice de primeros versos

———

Índice general

ÍNDICE DE PRIMEROS VERSOS

ÍNDICE GENERAL

De «Suites»

Canciones
1921-1924

Biblioteca Federico García Lorca

EDICIÓN Y PRÓLOGOS A CARGO DE MIGUEL GARCÍA-POSADA